TABLEAUX GÉNÉALOGIQUES

DE LA

FAMILLE STEINBACH

1380—1913

PAR

CARLOS STEINBACH (N° 253)

Avec deux planches d'armoiries en couleurs, une vue, de nombreux portraits
et un arbre généalogique.

MULHOUSE
IMPRIMERIE ERNEST MEININGER

1913

TABLEAUX GÉNÉALOGIQUES

DE LA

FAMILLE STEINBACH

J.-A.-CARLOS STEINBACH

(Nᵒ 253)

TABLEAUX GÉNÉALOGIQUES

DE LA

FAMILLE STEINBACH

1380—1913

PAR

CARLOS STEINBACH (N° 253)

Avec deux planches d'armoiries en couleurs, une vue, de nombreux portraits
et un arbre généalogique.

MULHOUSE

IMPRIMERIE ERNEST MEININGER

1913

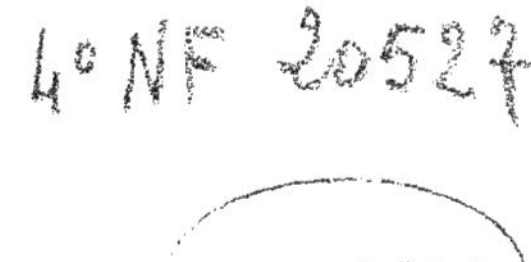

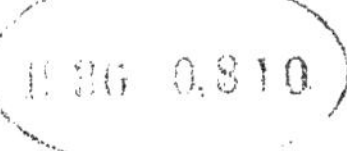

Il a été tiré de cet ouvrage 25 exemplaires sur papier de Hollande, numérotés à la presse.

PRÉFACE

——※——

Encouragé de différents côtés à réunir et à publier les tableaux généalogiques de ma famille, je me suis décidé à entreprendre ce long et difficile travail, que j'ai pu mener à bonne fin, grâce à la collaboration de M. Ernest Meininger, vice-président du Musée historique de Mulhouse, dont la compétence en matière généalogique est bien connue et qui possède à fond l'histoire de nos anciennes familles locales. M. Meininger a bien voulu se charger principalement de la partie ancienne de notre lignage, et il est arrivé à fixer d'une manière précise le point de départ de la branche d'Illzach et la date de son établissement dans cette localité. Ce détail si important pour l'histoire de notre famille était resté ignoré jusqu'ici, aucun de nos chroniqueurs, ni le Bürgerbuch, d'Ehrsam, n'en faisant mention, si ce n'est d'une façon générale.

En outre, M. Meininger a condensé dans l'Introduction historique, qu'il a écrite pour ce livre, tous les renseignements complétant les données généalogiques de l'œuvre.

Si je sais le plus grand gré à ce dernier pour son précieux concours, j'ai aussi à cœur de mentionner ici l'appui amical que j'ai trouvé auprès de feu M. Alfred Engel (N° 184) — qui malheureusement n'a plus vu achevée l'œuvre à laquelle il s'intéressait tant — ainsi qu'auprès de

MM. Charles-A. Steinbach (N° 183) et Georges Steinbach (N° 264);
je leur en exprime ici ma plus vive gratitude.

J'adresse aussi mes sincères remerciements à toutes les personnes qui,
par les renseignements fournis, m'ont aidé à compléter les tableaux qui les
concernent.

CARLOS STEINBACH.

Mulhouse, en Mars 1913.

INTRODUCTION HISTORIQUE

a) ORIGINE DE LA FAMILLE STEINBACH

La famille Steinbach de Mulhouse et celle d'Illzach ne forme qu'une *seule lignée,* dont l'origine commune remonte au xivᵉ siècle, c'est-à-dire à l'époque où, dans notre ville comme partout ailleurs, les noms patronymiques commencèrent à se former.

Faute de documents précis, l'on en est réduit aux conjectures quant aux raisons qui ont incité les premiers Steinbach à adopter leur nom. Toutefois, en comparant cette appellation avec d'autres analogues de cette période reculée, telles que les *Hagenbach,* les *Schlierbach,* les *Traubach,* les *Spechbach,* les *Nuefer,* etc., qui sont des noms de villages des environs, il est infiniment probable que le premier Steinbach était aussi originaire du voisinage immédiat de Mulhouse, soit du village de *Steinbach,* près de Cernay, dont il aura pris le nom.

Le plus ancien document mentionnant un membre de la famille est le registre de la taille *(Gewerffsbuch)* de l'an 1418, dans lequel est citée Annette (Ennelin) Steinbach, taxée à 6 schillings. d'impositions. Sous cette forme, l'inscription concerne une *veuve.* Malheureusement, cela ne nous donne ni le prénom du mari défunt, ni le nom patronymique de la femme elle-même. Dans les registres suivants, soit aux années 1435 et 1438 — il n'en existe pas d'autre après 1418 — la veuve Steinbach réapparaît encore, en 1435, avec un enfant, payant 1 ℔, puis en 1438 seule, taxée à 15 schillings de taille.

Le registre de la taille de 1418 ne fait mention que de la veuve, sans ses enfants; *aucun autre membre de la famille* n'y figure. Par contre, dans celui de 1435 apparaissent Nicolas (Clewin), Jean et Rodolphe; ce dernier, mineur, avec sa mère déjà citée. Dans celui de 1438, on retrouve les mêmes personnages et, dans le registre des cens d'Illzach de la même année figure un Pierre Steinbach, propriétaire d'un pré à Illzach.

Tous ces Steinbach étaient de toute évidence frères et les enfants d'Annette Steinbach. Comme ils sont encore cités dans le registre de la taille de 1462, — qui suit immédiatement celui de 1438 —, et qu'ils meurent tous aux environs de 1480, leur naissance remonte bien aux dates de 1408 à 1416 que nous leur assignons et confirme leurs liens de parenté déjà démontrés ci-dessus.

La position sociale importante de la famille est, dès le début, établie d'une part par la taille assez forte payée dès 1435, d'autre part par les fonctions occupées par les quatre frères et que nous signalons aux tableaux qui les concernent. L'un d'eux, Jean (N° 4), fut investi de la magistrature suprême (bourgmestre), en 1453, à l'âge de quarante ans. Un des ses descendants, Jean (N° 41), devint également bourgmestre en 1662, pendant que d'autres furent échevins, sexvirs, zunftmestres, conseillers, etc.

Les premiers Steinbach paraissent avoir été des agriculteurs, des propriétaires fonciers, car la plupart firent partie de la tribu des Agriculteurs. Comme tels, ils ont certainement aussi possédé des biens dans les environs et notamment à Illzach. Nous avons vu que Pierre (N° 3) était censitaire dans ce village en 1438—1446. Il en était évidemment de même pour son frère Rodolphe (N° 5), qui s'établit plus tard à Illzach et qui devint l'auteur de la lignée nombreuse de cet endroit.

Lorsqu'en 1435 la ville de Mulhouse acquit, des deux frères Louis et Ulric, comtes de Wurtemberg, les villages d'Illzach et de Modenheim, avec la haute et la basse justice, les forêts, les dîmes, les moulins, etc., pour la somme de 3020 florins, son premier soin fut d'administrer ses nouveaux sujets par des fonctionnaires choisis

parmi les premières familles de la cité et notamment parmi celles
qui étaient possessionnées dans le territoire passé sous sa juridiction
souveraine. En dehors du bailli ou grand-prévôt, espèce de gou-
verneur qui ne résidait pas dans le village, il y avait le maire
(Meyer) qui, lui, devait y demeurer. Il nous paraît très probable
que RODOLPHE (Nº 5) fut investi de cette fonction à Illzach et que
ce fut sans doute la raison qui l'amena à y résider après 1468.
N'oublions pas qu'à cette date, son frère JEAN était bourgmestre à
Mulhouse et que, dans ces conditions, son choix s'expliquerait, en
dehors de ses mérites personnels probables.

Le catalogue des maires et autres fonctionnaires d'Illzach n'a
pu être établi pour le xvᵉ siècle, vu l'insuffisance des documents de
cette époque. Nous ne pouvons donc rien affirmer au sujet de
RODOLPHE (Nº 5), mais, par contre, un document manuscrit, sur
parchemin, des nobles de Rust, en notre possession, mentionne
pour l'année 1525, date à laquelle il fut procédé à une révision de
leurs biens dans le ban d'Illzach par le tribunal du village, JEAN
STEINBACH (Nº 7), fils dudit RODOLPHE, comme investi des fonctions de maire. Son petit-fils WERLIN (Nº 12) occupait également
cette charge, à deux reprises, ainsi que plus tard son arrière-petit-
fils THIÉBAUT (Nº 19), puis JEAN-JACQUES (Nº 42), PIERRE (Nº 59),
JEAN (Nº 65), JEAN (Nº 81) et JEAN (Nº 83).

Lors de la réunion de Mulhouse à la France, en 1798, les
villages d'Illzach et de Modenheim furent compris dans cette an-
nexion demandée par les intéressés et ils déléguèrent quatre
citoyens notables pour signer le traité, de concert avec les délégués
de la bourgeoisie de la ville. Ces quatre Illzachois furent: *Jean-
Georges Gaeyelin, Pierre Meyer, Conrad Weber* et **Jean-Ulric
Steinbach**. Malheureusement, il n'existe ni à Illzach ni à Mulhouse aucune trace de la nomination de ces quatre délégués et,
dans ces conditions, nous avons été quelque peu embarrassé pour
savoir lequel, parmi plusieurs JEAN-ULRIC STEINBACH ayant vécu
à cette époque, a été le mandataire communal. Toutefois, en comparant la signature figurant sur le Traité de Réunion avec les
signatures de JEAN-ULRIC (Nº 142) et de JEAN-ULRIC (Nº 148),

apposées sur des actes de l'état civil d'Illzach de 1798 à 1805, nous croyons pouvoir affirmer que c'est le premier des deux, **Jean-Ulric (N° 142)**, qui a été choisi pour signer au nom de la commune.

Par contre, un des premiers maires français du village, ayant occupé ce poste de 1812 à 1813 et s'appelant aussi Jean-Ulric Steinbach, serait alors le N° 148, car sa signature diffère sensiblement de celle du N° 142. Dans ce cas aussi les documents précis font défaut et nous donnons cette indication sous toutes réserves. Jean Steinbach (N° 169), fut adjoint de 1848 à 1850, puis maire d'Illzach jusqu'en 1851. Théophile Steinbach (N° 247), a été adjoint de la commune de 1896—1902, et Eugène Steinbach (N° 203) est, depuis trois ans, membre du Conseil presbytéral d'Illzach.

Un grand nombre de Steinbach d'Illzach furent échevins, anciens de l'Eglise, etc. Beaucoup d'entre eux étaient jadis investis d'emphytéoses (du couvent de Klingenthal, de celui d'Engelporten, etc.) qui se transmirent à leurs descendants pendant plusieurs générations. Tout cela prouve le rang honorable que certaines branches, au moins, occupèrent dans leur nouvelle résidence. Ceux d'entre les Steinbach qui embrassèrent des professions d'artisans, eurent toujours soin de se faire recevoir à Mulhouse membres de la tribu à laquelle ressortissait leur corporation. Cela leur conférait certains droits de protection.

Il convient de dire ici un mot de la situation des habitants d'Illzach, sous l'ancien régime. Ceux des bourgeois de Mulhouse qui s'établirent dans ce village, perdaient généralement le droit de bourgeoisie privilégié de la ville pour leurs descendants, lorsqu'ils ne le réservaient pas spécialement pour eux. Ils n'étaient alors plus que bourgeois d'Illzach, ce qui était encore un privilège, mais ne les empêchaient pas d'être au demeurant des sujets de MM. de Mulhouse. Lorsque, au cours du xviiie siècle, quelques membres de la famille vinrent s'établir derechef en ville, soit par suite de mariage, ou encore attirés par l'industrie florissante des toiles peintes, créée en 1746, ils ne furent qu'admis à la résidence, comme *protégés de la ville* ou « Schirmsverwandte ». L'égalité civique,

Maison GEORGES STEINBACH
(Nᵒ 184)

Aujourd'hui Musée Technologique de la Société Industrielle.

au même titre que les bourgeois de Mulhouse, ne fut octroyée aux Illzachois qu'en 1798, par la réunion de Mulhouse et de son territoire à la France.

Cet événement politique, comme d'ailleurs aussi le développement considérable de l'industrie mulhousienne au cours du dernier siècle, fut le signal de l'émigration en ville de quantité d'habitants d'Illzach et d'autres villages des environs. Un assez grand nombre de STEINBACH vinrent se fixer en ville, en qualité d'imprimeurs d'indiennes, de graveurs sur bois (plus tard de graveurs sur rouleaux) et de dessinateurs. C'étaient alors des professions fort honorables et lucratives, qui exigeaient du savoir-faire et du talent.

Parmi ces nouveaux Mulhousiens, d'aucuns ne tardèrent à prendre un rang notable et certains d'entre eux, comme par exemple les descendants de JEAN-JACQUES STEINBACH (N° 144), teinturier, se distinguèrent dans l'industrie, non seulement à Mulhouse, mais en Russie, en France, etc. Le plus connu fut M. GEORGES STEINBACH (N° 184), dont la belle propriété de la rue de la Sinne fait aujourd'hui partie du patrimoine municipal de Mulhouse, grâce à la générosité de ses héritiers.

La branche de la famille restée constamment mulhousienne, ne fut jamais bien nombreuse, à l'encontre de celle d'Illzach. Un coup d'œil jeté sur l'arbre généalogique joint au présent livre, permet de s'en rendre compte. En dehors des hommes marquants qu'elle a fournis à la ville et dont nous avons déjà parlé plus haut, nous voudrions signaler JEAN-ULRIC STEINBACH, fils de PHILIPPE-JACQUES (N° 103), qui commanda la compagnie mulhousienne du régiment suisse de Stoppa, au service de France. Cadet en 1763, à l'âge de seize ans, il fut nommé officier en 1766, sous-aide-major en 1773 et capitaine en 1783. Il mourut célibataire en 1790, à Lyon. Nous aurons l'occasion de reparler de lui, plus loin, au chapitre des armoiries de la famille.

Les documents qui ont servi de base à l'établissement des *Tableaux généalogiques de la famille Steinbach* sont, d'une part, les Archives municipales de Mulhouse, d'autre part les registres de paroisse et les registres de l'état civil de la ville et de la commune d'Illzach. En fait de documents d'archives, nous avons notamment dû compulser, pour fixer la filiation exacte et pour préciser — en tant que cela était possible — les professions des divers membres:

Les registres de la taille *(Gewerffsbücher)*,
Les registres de délibération du Conseil *(Rathsprotokolle)*,
Les actes notariés *(Contractenprotokolle)*,
Les copies des missives *(Missivenprotokoll)*,
Les Inventaires,
Les Censiers *(Zinsbücher)* d'Illzach,
Les registres des six tribus *(Zunftbücher)*, et un grand nombre d'autres sources archivales.

Les anciens livres de paroisse de Mulhouse et d'Illzach n'ont pu nous servir qu'à partir du XVIe siècle et encore là leurs inscriptions laconiques ont été la cause des lacunes que présentent nombre de tableaux jusque vers la fin du XVIIIe siècle. Les registres de baptême de Mulhouse commencent en 1579, ceux d'Illzach en 1560; ceux des mariages, pour la ville, partent de 1642, pour Illzach, de 1573 à 1731, avec une interruption jusqu'en 1786; enfin, les registres mortuaires datent à Mulhouse de 1679, alors qu'à Illzach ils débutent seulement en 1786. Quand nous aurons ajouté que les décès d'enfants à Mulhouse sont restés longtemps incomplets et toujours sans mention du nom de baptême, on comprendra les vides que présentent maints tableaux sous ce rapport. Pour Illzach, ces lacunes dans les décès sont, pour la raison indiquée, encore plus nombreuses, pour toutes les catégories. Dans ces conditions, il n'est pas exclu que là où des enfants mâles ne sont pas spécialement marqués comme décédés en bas âge, un certain nombre d'entre eux ont pu émigrer et, en se fixant soit aux environs, soit au loin, donner naissance à quelques-unes des familles STEINBACH existant en Alsace, en Allemagne ou en Suisse. Sur certains tableaux, l'on trouvera d'ailleurs la trace de ces exodes, par exemple aux Nos 11, 16, 21, 33, 48, 132, et même pour quelques tableaux plus récents, c'est-à-dire pour le dernier siècle, où l'émigration des membres mâles de la famille a été remarquable. Pour plusieurs de

ceux-ci, il nous a été impossible de savoir où ils ont fixé leur
résidence. Ce sont là des faits inévitables dans toute généalogie,
alors surtout lorsqu'il s'agit d'un lignage aussi nombreux.

Quelques autres lacunes sont à signaler également parmi les
alliés. Elles sont dues aussi à l'insuffisance et au laconisme des
registres de paroisse. Dans les registres de mariage de Mulhouse
figurent ainsi plusieurs unions contractées par des bourgeois ou
des étrangers, admis à la protection de la ville, avec des demoiselles
STEINBACH de Mulhouse et d'Illzach, qu'il nous a été impossible
de classer dans les tableaux qui les concernent, pour la raison qu'il
s'agit de prénoms très répandus dans la famille et que jamais les
noms des parents de la jeune fille ne sont indiqués dans les actes.
Voici le relevé de ces quelques inscriptions manquant dans notre
travail, transcrites dans la forme même du livre des mariages :

1670   17 janv. — DANIEL FEER et ELISABETH STEINBACH, les deux de Mulhouse ;
1678   1ᵉʳ juill. — JEAN-JACQUES MEYER et ELISABETH STEINBACH, les deux
                   de Mulhouse ;
1688   22 oct. — JACQUES SCHAUB, de Mulhouse, et demoiselle ANNE
                   STEINBACH, d'Illzach ;
1693   11 sept. — HENRI HOELDERLIN, de Mulhouse, et dᶦˡᵉ ANNE STEINBACH,
                   d'Illzach ;
1741   26 juin — JEAN REMUND et dᶦˡᵉ ELISABETH STEINBACH, d'Illzach, les
                   deux protégés de la ville ;
1743   28 janv. — JEAN-HENRI GMINDER et dᶦˡᵉ ANNE-BARBE STEINBACH,
                   d'Illzach, les deux protégés de la ville ;
1758   20 févr. — JEAN ERBEAU, de Travers, comté de Neuchâtel, et dame
à Petit-Kembs   ELISABETH STEINBACH, de Mulhouse ;
1765   3 juill. — JEAN-HENRI SPAAR, de Bielbenken, canton de Bâle, et
                   dᶦˡᵉ CATHERINE STEINBACH, d'Illzach ;
1770   26 sept. — PHILIPPE OCHS, de Bâle, et dame ANNE-CATHERINE STEIN-
                   BACH, d'Illzach ;
1776   1ᵉʳ juill. — JEAN PERRIN, de Bretigney, comté de Montbéliard, et
                   dᶦˡᵉ ANNE-MADELEINE STEINBACH, d'Illzach ;
   Note. — JEAN PERRIN mourut le 15 oct. 1790, à l'âge de 37 ans, 9 mois et 8 jours.

Lorsque le nom de la mariée est accompagné du qualificatif
de *dame*, il s'agit d'une veuve, de même quand il n'y a aucun
qualificatif, ce qui était l'usage ancien.

— XIII —

b) ARMOIRIES DE LA FAMILLE STEINBACH

Le blason *Steinbach* nous est connu par les tableaux armoriés des bourgmestres de Mulhouse, conservés dans la salle du Conseil de l'Hôtel de ville, et sur lesquels figurent JEAN (N°4) et JEAN (N° 41). Détail curieux, les deux bourgmestres n'ont pas un blason *identique*, quoique le second personnage soit un descendant direct du premier. Nous avons donné dans notre ouvrage: *Les anciennes Armoiries bourgeoises de Mulhouse*, 1911, pages 66 et 67, l'explication de cette anomalie, explication que nous reproduisons ci-après:

Le premier porte:

De sable à un bouc rampant et contourné d'argent. Cimier: *le bouc contourné issant.* Lambrequins: *de sable et d'argent.*

Le second porte:

De sable à deux boucs rampants et affrontés d'argent. Même cimier *(le bouc non contourné)* et mêmes lambrequins.

Quelle a été la raison qui a fait adopter au deuxième bourgmestre, descendant direct du premier, cette amplification du blason? A noter qu'en 1642, il était du Conseil et qu'il a donc voté la création du tableau des bourgmestres[1]. Elle est due, sans doute, au fait qu'en 1625, alors qu'il n'était encore que zunftmestre, il avait déjà introduit dans son écusson deux boucs affrontés, pour leur faire tenir, tels des supports[2], une selle symbolisant sa profession de sellier. Lorsque plus tard, en 1662, il devint bourgmestre, et que ses armoiries furent peintes sur le tableau, on en élimina la selle comme accessoire individuel, mais on laissa en place les deux boucs, auxquels il était habitué.

Le blason de 1625, auquel nous faisons allusion, se trouve sur une tirelire conservée au Musée historique et provenant de la tribu des Bouchers, où elle a dû servir pour les collectes et les amendes. Cette tirelire est en bois, de forme ronde, et munie de ferrures à cadenas. A l'extérieur, elle porte les blasons de deux zunftmestres, au-dessus de deux écussons aux armes des

---

[1] Quoique donnant les bourgmestres depuis 1347, le tableau ne fut exécuté que par décision du Conseil du 20 janvier 1642.

[2] On appelle *supports* les animaux et *tenants* les hommes ou femmes qui soutiennent extérieurement les blasons.

quatre principales corporations de la tribu : tanneurs, bouchers, cordonniers
et selliers. Le blason de Jean Steinbach y porte :

*D'argent à deux boucs rampants et affrontés de sable tenant une selle de
même posée en pal. Cimier :* un bouc issant de sable. *Lambrequins : de sable et
d'argent.*

On remarquera que les couleurs du champ et des boucs sont interverties
sur le tableau des bourgmestres.

Un autre membre de cette famille, le capitaine Jean-Ulric Steinbach,
commandant la compagnie mulhousienne de Waldner, mort en 1790, avait
un cachet tout autre. Il portait :

*D'argent à trois bandes de gueules traversées par un
fanion de ..... (?), la hampe en pal, avec, en pointe,
trois coupeaux de sinople. Cimier :* un heaume ouvert de
face, sans autre. *En place de lambrequins,* deux boucs
comme supports.

D'après ce qui précède, les véritables armes des Steinbach
sont certainement celles du premier Jean (N° 4), ne présentant
qu'un seul bouc, et s'appliqueraient par une conséquence logique
aussi à la lignée d'Illzach, descendant de Rodolphe (N° 5), frère
dudit. Le blason aux deux boucs serait par contre l'apanage de la
branche mulhousienne. Mais l'usage, plus fort que la logique, a
prévalu et depuis longtemps tous les Steinbach, indistinctement,
ont adopté la seconde forme, celle des deux boucs. C'est donc
celle-là, sauf décision contraire des intéressés, qui est à considérer
comme définitivement acquise. Elle est d'ailleurs jolie et caracté-
ristique, et symbolise au besoin, sous cette forme double, l'existence
et l'union des deux branches parallèles.

Au point de vue héraldique, les armoiries Steinbach sont
parlantes. Le bouc, en allemand *Steinbock,* est un à-peu-près faisant
allusion au nom patronymique de la famille. Les blasons bourgeois
présentent fréquemment des petits rébus de ce genre.

Il va de soi que la variante que présente le cachet de Jean-
Ulric (N° 103), ci-dessus, ne compte guère que comme un
emblème de commandement militaire. Elle est à citer à titre pure-
ment documentaire.

En consultant les armoriaux allemands, l'on rencontre plusieurs autres blasons Steinbach, mais ils sont différents de ceux de Mulhouse et d'Illzach. Dans l'*Armorial général* de Rietstap, il y en a cinq concernant des homonymes de Prusse, anoblis vers 1760; de la Silésie, anoblis le 14 mai 1788; de Berlin, anoblis le 22 juillet 1884 et le 11 avril 1885; les *Steinbach-Kranichstein,* d'Autriche, créés barons le 11 juillet 1714; enfin, les Steinbach de la Saxe.

c) HOMONYMES DIVERS

Il nous reste encore à consacrer un chapitre à ceux des homonymes de la famille que nous avons rencontrés au hasard de nos recherches. Dans le courant du siècle dernier, toute une série de *Steinbach,* la plupart des environs, sont venus s'établir à Mulhouse. Ils sont en majorité de religion catholique, alors que les Steinbach de Mulhouse et d'Illzach sont protestants, sauf l'une ou l'autre exception récente, provoquée par suite de mariage.

Ainsi que nous l'avons déjà signalé plus haut, un certain nombre de Steinbach de Mulhouse et d'Illzach ont émigré à différentes époques. D'aucuns d'entre eux se sont évidemment fixés dans nos environs, en Haute-Alsace, d'autres hors du pays, où ils ont été obligés de se faire catholiques, et rien ne prouve que, parmi les nouveaux arrivants, il n'y en ait pas qui se rattachent, à travers les siècles, au tronc mulhousien.

Quoiqu'il en soit, voici quelques détails sur ces homonymes:

Michel, fils de feu *Michel Steinbach,* de Ruelisheim, est mentionné dans le *Contractenprotokoll,* de Mulhouse, à la date du 27 juin 1574.

Jean Steinbach, administrateur des douanes à Ottmarsheim, pour le roi de France, se fit recevoir, en février 1644, bourgeois-manant à Mulhouse, où il acquit une maison dans la rue des Tanneurs. En même temps, il fut admis à la tribu des Agriculteurs, où l'inscription le dit originaire de Nabberg, près d'Amberg (Palatinat supérieur). L'année suivante, il quitta le pays, vendit sa maison de Mulhouse et se retira, avec femme et enfants, à Wiesloch. Il avait, à cette date, exercé ses fonctions à Ottmarsheim depuis douze ans et se disait âgé.

Dans le Palatinat, où s'était établi JEAN-JACQUES (Nº 48), en 1650, avec trois fils, l'on trouve encore aujourd'hui beaucoup de *Steinbach*. L'un d'eux, originaire de Stambach, s'est fixé à Mulhouse en 1885 et a trois fils et trois filles. Un de ses frères et une sœur se sont mariés dans notre ville, vers la même époque, mais n'y séjournent plus.

Jean Steinbach, de Kirchenthurn, canton de Berne, fit baptiser à Mulhouse, le 5 juillet 1685, un fils *Samuel,* issu de son union avec Barbe Widenbach. Il repartit ensuite.

Antoine Steinbach, né à Munster (Alsace), en 1764, fils d'*Erhard Steinbach* et de Catherine Consel, épousa Maria-Rosine Lemblé, de Thann. Ils eurent un fils mort jeune; *Antoine* mourut à Mulhouse en 1820.

Dans nos environs immédiats, l'on trouve de nombreux *Steinbach*, dont des représentants se sont fixés à Mulhouse. Citons, de Brunstatt:

Jean-Baptiste Steinbach, marié, né en 1860.

De Bruebach:
François-Martin Steinbach, dont le fils *Ernest,* né en 1882, est marié et a une fille.

De Hochstatt:
Laurent Steinbach, agriculteur, époux de Thérèse Hoffmann, qui eut, entre autres enfants, un fils *Joseph,* né en 1832, qui se maria à Mulhouse et eut plusieurs enfants, dont *Joseph,* dessinateur, né en 1872, marié à Mulhouse, et *Jean-Eugène,* graveur, né en 1876, marié à Mulhouse, mais qui réside à Epinal. Les deux frères ont des enfants.

De Malmerspach:

Henri Steinbach, né en 1844, qui eut à Mulhouse dix enfants, dont un fils *Alexandre*, marié ici, mais mort jeune.

De Walheim, de Wahlbach, de Rantzwiller, il est venu des *Steinbach* à Mulhouse, ayant de la descendance.

De Stosswihr sont originaires plusieurs *Steinbach* établis à Mulhouse depuis 1865, et remontant à *Georges Steinbach*, né vers 1820. Cette branche compte ici de nombreux représentants mariés et pourvus d'enfants.

A Strasbourg vivait au commencement du dernier siècle un *Georges-Henri Steinbach*, mort le 13 avril 1830, pasteur à l'église Saint-Nicolas; le mariage de ses deux filles, nées en 1818 et en 1821 à Strasbourg, est consigné dans les registres de l'état civil. Il était né à Strasbourg, le 11 frimaire an V (1er décembre 1793), de *Jean-Georges Steinbach*, teinturier, de Bischwiller «réfugié à Strasbourg», et de Louise Christian. Les deux témoins de l'acte de naissance sont *Georges-Henri Steinbach*, âgé de 61 ans, et Geoffroi Christian, âgé de 59 ans; c'étaient évidemment les deux grands-pères de l'enfant. Il y a apparence que ces Steinbach sont originaires du Palatinat ou du Wurtemberg.

L'état civil de Mulhouse contient la trace du passage d'autres *Steinbach*, issus d'Altenach, près d'Altkirch, de Luemschwiller et de Franken, près d'Altkirch.

Enfin, il existe à Mulhouse encore une demi-douzaine de *Steinbach* mariés, ayant eu des enfants entre 1874 et 1910, dont nous ignorons l'origine exacte. Sans doute se rattachent-ils à l'une ou à l'autre des branches que nous venons de citer.

La conclusion qui s'impose à la suite de la présente nomenclature est que le nom de *Steinbach* est largement représenté partout. Si, comme dit, quelques-uns d'entre ces homonymes peuvent sans doute se rattacher à la famille qui fait l'objet du présent volume, les autres lui sont certainement étrangers et doivent leur nom patronymique à l'un ou à l'autre des endroits du nom de Steinbach existant en assez grand nombre dans les pays de langue allemande. Pour l'Allemagne seule, le dictionnaire géographique nous en cite une quarantaine, la Suisse, trois, etc.

ERNEST MEININGER.

RÉPERTOIRES :

I. TITULAIRES DES TABLEAUX STEINBACH

Nota. — Pour faciliter les recherches, il n'a été tenu compte ici, pour les prénoms multiples, que du prénom usuel seul, quand il nous était connu.

NUMÉRO DU TABLEAU	NOMS	NAISSANCE ET DÉCÈS	ORIGINE ET RÉSIDENCE	ÉPOUSES
206	Abel Steinbach . . .	1827—1885	Illzach	Barbe Klippstiehl
181	Achille	1810—1876	»	Fréd.-Franç.-*Amélie* Hœfer
217	Achille	1862—	Illzach-Mulhouse	Sophie-Cath.-*Ida* Thierry
26	Adam	1565—1606	Illzach	I. Barbe Zurcher
				II. Barbe Romann
				III. Vérène Hentzinger
37	Adam	1575—1653	»	Anne Obin
33	Adam	1578—1624	»	Brigide Burckhardt
55	Adam	1650—	»	I. Anne-Marie Schärer
				II. Marie Leib und Guth
93	Adam	1717—1773	»	Julie Grasser
123	Adam	1747—1824	»	Elisabeth Landsmann
189	Adam	1778—1860	»	Anne-Barbe Walter
271	Albert	1837—	»	
201	Albert	1840—1910	Illzach-Mulhouse	I. Barbe Schmidt
				II. Marie-Louise Meyer
232	Albert	1864—	Mulhouse	
263	Albert	1867—	Paris-Angers	Louise-Marie Kaudel
242	Alfred	1860—	Illzach-Lodz	Emma Vœtsch
249	Alfred	1877—	Illzach-Mulhouse	Anne-Barbe Weber
276	Alfred	1892—	Lodz	
211	Alphonse	1837—	Mulhouse-Tourcoing	Anne-Marguerite Krause
248	Alphonse	1871—	Illzach-Mulhouse	Pauline Ebner
283	Alphonse	1891—	Mulhouse	
25	Antoine	1562—1595	Illzach	Anne Reülin
27	Antoine	1568—1607	»	Anne Iring
44	Antoine	1600—1641	»	Anne Schmid

NUMÉRO DU TABLEAU	NOMS	NAISSANCE ET DÉCÈS	ORIGINE ET RÉSIDENCE	ÉPOUSES
28	Arnold Steinbach . . .	1571—1645	Illzach	I. Euphrasie Hügelin II. Elisabeth Spindler
61	Arnold	1670—1754	»	Anne Wehrlin
74	Arnold	1697—1786	»	Anne-Marie Leib und Guth
96	Arnold	1727—1786	»	Elisabeth Farschon
222	Auguste.	1848—1894	Illzach-Bischofsheim	N . . . . . N . . . . .
225	Auguste.	1857—1909	Illzach	Antoinette Bœtsch
162	Benoît	1793—1864	»	Ursule Stern
195	Benoît	1821—1853	»	Rosine Muller
208	Camille.	1835—1888	Illzach-Rouen	Louise Prang
246	Camille	1864—	Mulhouse-Rouen	Rachel Martel
253	Carlos	1889—	Luxembourg-Mulh.	
204	Charles	1824—1904	Illzach	Barbe Kœnig
191	Charles	1837—1875	Mulhouse	Amélie Steinbach
284	Charles	1892—	»	
212	Charles-Henry	1828—1872	Mulhouse-Sion	Joséphine Beger
279	Charles-Marx	1900—	Arbon	
192	Chrétien	1822—1850	Illzach-Mulhouse	Salomé Ambacher
15	Conrad	1533—1572	Illzach	Elisabeth Zimmermann
58	Conrad	1639—1694	»	Marie Leib und Guth
152	Conrad	1780—1832	Mulhouse	Marie-Madeleine Amsler
176	Conrad	1802—1877	Illzach-Mulhouse	Salomé Entz
219	Edouard	1830—1906	Jallieu-Epinal	*Aimée*-Julie Muller
262	Edouard	1865—	Paris	Jeanne Chauvin
267	Emile	1832—1863	Mulhouse	Louise Huder
269	Emile.	1835—	Cantelou-	Edmée-Honorine Clette
200	Emile.	1840—1875	Ste-Marie-a/M.-Mulh.	Catherine-Elisabeth Grotz
258	Emile.	1860—1911	Bukaioff-Nancy	Jeanne Munsch
233	Emile.	1869—	Lœrrach	
236	Engelhardt	1849—	Illzach	Berthe Hœllicker
237	Ernest	1860—1912	Barcelone-Mulhouse	Anne Blattner
272	Ernest	1884—	Mulh.-Krzeschitz	Joséphine Chevrolet
8	Etienne	—1539	Illzach	N . . . . . N . . . . .
20	Etienne	1548—1582	»	Christine Hügelin
46	Etienne	1607—1671	»	I. Barbe Weber II. Barbe Bürgin
196	Eugène	1831—1890	Illzach-Mexico	I. Marie Biehler II. Thérèse-*Berthe* Biber

NUMÉRO DU TABLEAU	NOMS	NAISSANCE ET DÉCÈS	ORIGINE ET RÉSIDENCE	ÉPOUSES
268	Eugène Steinbach. . .	1842—	Mulhouse-Paris	I. Emma Dietrich
				II. Mélanie Hémy
203	Eugène	1844—	Illzach	Caroline Reinhard
224	Eugène	1852—1902	»	Cécile Steinbach
244	Eugène	1861—	»	Emma Tschænlin
260	Eugène	1862—1910	Moscou	Barbe Pickersgill
274	Eugène-Robert	1899—	Illzach	
218	Félicien.	1821—1905	Colmar-Charmes	Amélie Schultz
215	Ferdinand	1830—	Illzach-Nancy	I. Aloysia-Christ. Jaillon
				II. Elisabeth Cusenier
215,§3	Ferdinand	1858—1908	Nancy	Mathilde-Catherine Weick
273	Fernand-Lucien-Albert	1881—	Ivry-Paris	Berthe dite *Blanche* Segond
24	François.	1545—1612	Mulhouse	Marguerite Spitzkopff
40	François.	1579—1618	»	Vérène Bauck
73	Frédéric.	1695—1753	Illzach	Anne-Marie Persohn
90	Frédéric.	1718—1776	Illzach-Mulhouse	Susanne Rüdi
95	Frédéric.	1725—1803	Illzach	Elisabeth Gœtz
118	Frédéric.	1751—1821	Mulhouse	Elisabeth Aegler
129	Frédéric.	1762—1832	Illzach	Ursule Gœtz
126	Frédéric.	1766—1836	»	Anne Walter
151	Frédéric.	1775—1821	Mulhouse	Ursule Dietsch
163	Frédéric.	1797—1860	Illzach-Cernay	Franç.-Elisabeth Gressard
164	Frédéric.	1798—1878	Illzach	Madeleine Meyer
190	Frédéric.	1808—1882	Mulhouse	Marie-Salomé Burghart
197	Frédéric.	1821—1892	Lutterbach-Mulhouse	Elisabeth Fuchs
199	Frédéric.	1837—1905	Ste-Marie-a/M.-Mulh.	I. Rosine Hausmann
				II. Céline Kammacher
234	Frédéric.	1847—1904	Illzach-Mannheim	Elisabeth-Cath. Steinbach
238	Frédéric.	1880—	Durango-Mulhouse	Suzanne Brustlein
49	Gaspard	1595—	Illzach	Madeleine Hügelin
171	Georges.	1809—1841	»	Ursule Walter
184	Georges.	1809—1893	Mulhouse	*Henriette*-Sophie Léger
209	Georges.	1838—1893	Illzach	Marie-Joséphine Spindler
247	Georges.	1869—	»	Alice Heitz
264	Georges.	1880—	Moscou-Versailles	Andrée-*Geneviève* Meyer
257	Georges.	1898—	Luxembourg-Mulh.	
290	Georges.	1905—	Charmes	
288	Georges.	1906—	Rheinfelden-Mulh.	

NUMÉRO DU TABLEAU	NOMS	NAISSANCE ET DÉCÈS	ORIGINE ET RÉSIDENCE	ÉPOUSES
132	Georges-Dan. Steinbach	—	Neu-Saarwerden	Maria Grant
245	Gustave	1869—	Illzach-Arbon	*Thérèse*-Marie Baumann
285	Gustave	1895—	Mulhouse	
280	Gustave	1902—	Arbon	
214	Gutbert	1825—1904	Illzach	Anne Perret
6	**H**enri	—1492	Mulhouse	Annette Brustlein
289	Henri	1902 —	Charmes	
295	Henri	1903—	St-Mihiel-Angers	
275	Henri-Emile	1888—	Illzach	
215, §2	Henri-Pierre . . .	1856—1906	Nancy	I. Louise-Marie Toussaint
				II. Marie-Coraline Crémel
165	Henry	1802—1870	Illzach-Mulhouse	Elisabeth Nœtzly
168	Henry	1802—1890	»	Judith Ficker
205	Henry-Emile	1825—1872	Illzach	Catherine Wehrlin
235	**I**van	1848—	Illzach-Zweibrücken	I. Marie-Thérèse Lœslé
				II. *Amélie*-Henriette-Louise-Marguerite Amelung
220	Iwan	1841—1898	Moscou-Mulhouse	I. Jos.-*Victorine* Hérisé
				II. Marie-Anne Eck
265	Iwan	1882—	Moscou-Versailles	
54	**J**acques	1622—1663	Mulhouse	A.-Marie Bonenstengel
178	Jacques	1792—1861	Illzach	Catherine Sengelin
167	Jacques	1801—1858	»	Anne-Catherine Kammerer
177	Jacques	1806—1887	»	Barbe Nifenecker
202	Jacques	1834—1868	»	Eugénie Walter
239	Jacques-Albert . . .	1863—	Mulhouse	
4	Jean	1412—1479	»	Agnès N . . . . .
7	Jean	—1527	Illzach	N . . . . . N . . . . .
9	Jean	—1531	Mulhouse	N . . . . . N . . . . .
13	Jean	— 1572	Illzach	N . . . . . N . . . . .
14	Jean	—1571	Mulhouse	N . . . . . N . . . . .
16	Jean	1534—1583	Illzach	Apolline Kürnich
32	Jean	1575—1637	Illzach-Mulhouse	Elisabeth Schlienger
35	Jean	1578—	Illzach	Anne Frey
38	Jean	1580—1628	»	Elisabeth Gutzwiller
41	Jean	1582—1666	Mulhouse	I. Anne Eck
				II. Anne Grosheintz
45	Jean	1603—1656	Illzach	Barbe Weber

NUMÉRO DU TABLEAU	NOMS	NAISSANCE ET DÉCÈS	ORIGINE ET RÉSIDENCE	ÉPOUSES
53	Jean Steinbach. . . .	1619—1663	Mulhouse	Sarah Heinrich
57	Jean	1630—1675	Illzach	Marie Krämer
65	Jean	1660—1740	»	I. Anne-Marie Edelmeyer
				II. A.-Marguerite Bégin
66	Jean	1660—1753	»	Sabine Aegler
81	Jean	1699—1772	»	I. Madeleine Wehrlin
				II. Barbe Wehrlin
83	Jean	1699—1771	»	I. Barbe Hirn
				II. Anne-Marie Bær
86	Jean	1711—1784	»	Anne Steinbach
104	Jean	1719—1776	Mulhouse	Anne-Catherine Stumm
110	Jean	1725—1809	Illzach	Judith Schlumberger
107	Jean	1735—1798	»	Elisabeth Bær
122	Jean	1754—1796	»	Rosine Risler
124	Jean	1755—1817	»	Anne-Cornélie Greyer
128	Jean	1757—1837	»	Anne-Marie Kellenberger
125	Jean	1762—1815	»	Marie Weber
141	Jean	1765—1830	»	Marie-Madeleine Christen
146	Jean	1778—1828	»	Anne-Barbe Persohn
174	Jean	1786—1872	Mulhouse	I. Anne-Barbe Schwartz
				II. Anne-Barbe Læderich
159	Jean	1788—1855	»	Anne-Marie Læderich
153	Jean	1792—1845	Thann-Mulhouse	Judith Roth
161	Jean	1795—	Illzach	I. Salomé Grumler
				II. Elisabeth Imhoff
169	Jean	1798—1850	»	Elisabeth Stern
183	Jean	1808—1870	Mulhouse	Caroline Mattern
210	Jean	1816—1857	»	Marie-Louise Læderich
250	Jean	1877—	Smickow-Mulhouse	Henr.-*Marguerite* Bertrand
294	Jean	1899—	Nancy-Angers	
286	Jean	1903—	Rheinfelden-Mulh.	
281	Jean	1907—	Déville-les-Rouen	
160	Jean-Antoine.	1798—1842	Illzach	Catherine Stern
99	Jean-Bernard.	1720—1800	Mulhouse	Anne-Marguerite Pforrius
51	Jean-Conrad	1605—1672	»	Catherine Danner
106	Jean-Conrad	1725—1764	Illzach-Mulhouse	I. Anne-Madeleine Studer
				II. Catherine Seiler
137	Jean-Gaspard	1751—1813	Mulhouse	I. Anne-Barbe Frölich
				II. Anne-Bbe Jelensperger
62	Jean-Georges	1651—	Illzach	Barbe Wagner

NUMÉRO DU TABLEAU	NOMS	NAISSANCE ET DÉCÈS	ORIGINE ET RÉSIDENCE	ÉPOUSES
80	Jean-Georges Steinbach	1696—1731	Mulhouse	I. Marie-M. Henric-Pétri II. Marguerite Minder
102	Jean-Henri	1708—1764	»	Anne Orth
97	Jean-Henri	1733—1804	Illzach	Cléophée Walter
127	Jean-Henri	1771—1848	»	Suzanne Schoen
131	Jean-Henri	1771—1850	Illzach-Mulhouse	Elisabeth Hartmann
156	Jean-Henri	1784—1856	»	I. Anne-Barbe Rott II. Elisabeth Steffan
157	Jean-Henry	1783—1861	Illzach	Marie Zimmermann
187	Jean-Henry	1807—1876	»	Ursule Nifenecker
42	Jean-Jacques.	1602—1651	»	I. Dorothée Hartmann II. Anne Tritsch
48	Jean-Jacques.	1611—	Illzach-Palatinat	Anne Beffort
144	Jean-Jacques.	1777—1850	Illzach-Mulhouse	Rosine Schaerer
182	Jean-Jacques.	1801—1869	Mulhouse	Frédérique Benner
282	Jean-Jacques.	1909—	Illzach	
64	Jean-Martin	1650—1712	Mulhouse	Rosine Feer
63	Jean-Michel	1642—1716	»	I. Anne-Marie Brun II. Véronique Graf
75	Jean-Michel	1679—1732	»	Madeleine Schoen
101	Jean-Michel	1718—1779	»	I. Marguerite Martin II. Salomé Loescher
100	Jean-Michel	1728—1756	»	Anne-Marie Schaub
172	Jean-Michel	1788—1811	»	Anne-Barbe Leidig
50	Jean-Ulric.	1599—	Illzach	I. Julie Heitz II. Ursule Hügelin
56	Jean-Ulric.	1627—1666	»	Elisabeth Krämer
82	Jean-Ulric.	1701—1766	»	I. Anne-Barbe Geyclin II. Anne-Madeleine Baer III. Elisabeth Haessler
84	Jean-Ulric.	1709—1760	»	Anne Steinbach
108	Jean-Ulric.	1732—1786	»	Anne-Elisabeth Steinbach
98	Jean-Ulric.	1735—1802	»	Anne-Sabine Kellenberger
115	Jean-Ulric.	1737—1785	»	I. Anne-Barbe Steinbach II. Anne-Barbe Stern
113	Jean-Ulric.	1742—1802	»	Elisabeth Nifenecker
148	Jean-Ulric.	1763—1826	»	Catherine Walter
130	Jean-Ulric.	1765—1847	»	I. Anne-Barbe Meyer II. Catherine Scherrer
142	Jean-Ulric.	1767—1837	Illzach-Mulhouse	Catherine Kœnig

NUMÉRO DU TABLEAU	NOMS	NAISSANCE ET DÉCÈS	ORIGINE ET RÉSIDENCE	ÉPOUSES
139	Jean-Ulric Steinbach .	1774—1831	Illzach	I. Catherine Kellenberger
				II. Elisabeth Walter
147	Jean-Ulric.	1788—1845	»	Anne-Marie Steinbach
179	Jean-Ulric.	1795—1873	»	Anne Steffan
166	Jean-Ulric.	1796—1856	»	Anne-Marie Stamm
170	Jean-Ulric.	1801—1878	Illzach-Mulhouse	Catherine Muller
117	Josué.	1747—1826	Mulhouse	Anne-Catherine Frey
270	Josué.	1841—	Illzach-Mulhouse	Julienne Muller
213	Jules	1824—1883	Illzach	Elisabeth Steinbach
221	Jules	1844—1900	Moscou-Versailles	Sophie Alexéeff
223	Jules	1850—1887	Illzach-Kaiserslautern	I. Caroline Goettel
				II. Catherine Schwink
266	Jules	1882—	Illzach	
259	Léon.	1861—	Hadamar-Moscou	Marie Peltzer
291	Léon-Nicolas-Voldemar	1908—	Moscou	
94	Luc	1725—1751	Illzach	Anne Grasser
121	Lucas.	1747—1827	Illzach-Mulhouse	I. Catherine Jelensperger
				II. Anne-Barbe Abdorff
154	Lucas.	1776—1813	Mulhouse	Christine Haury
31	Martin	1572—	Illzach	Elisabeth Meier
69	Martin	1678—1753	»	I. Elisabeth Wehrlin
				II. Marguerite Landsmann
79	Martin	1680—1733	Mulhouse	Marguerite Fries
77	Martin	1685—1749	»	Madeleine Claude
92	Martin	1711—1763	Illzach	Barbe Seiler
88	Martin	1715—1786	»	Anne-Catherine Vogel
105	Martin	1721—1774	Mulhouse	I. Elisabeth Stieffel
				II. Rosine Holtzschuh
134	Martin	1747—1801	»	I. Anne Willy
				II. Marie-Madeleine Benner
136	Martin	1748—1775	»	Barbe Schlumberger
173	Martin	1775—1829	»	Anne Koenig
155	Martin	1781—1825	»	A.-Marie-Mad. Weisshaag
138	Mathias.	1758—1790	»	Ursule Vogel
39	Michel	1572—1630	»	Anne Burger
2	Nicolas	1408—1462	»	N. . . . . N. . . . .

NUMÉRO DU TABLEAU	NOMS	NAISSANCE ET DÉCÈS	ORIGINE ET RÉSIDENCE	ÉPOUSES
18	Nicolas Steinbach . . .	1542—1616	Illzach	I. Barbe Guth II. Barbe Humprecht
30	Nicolas	1569—1620	»	Apolline Hartmann
186	Nicolas	1821—1873	»	Rosine Spaenlin
254	Norbert	1890—	Luxembourg-Mulh.	
230	Oscar	1866—	Mulhouse	
243	Othon	1850—1881	Illzach	Marie-Sophie Brun
277	Othon-Fernand . . .	1892—	Kingersheim-Arbon	
185	**Paul**	1815—1881	Illzach	I. Madeleine Schoen II. Marguerite Gerber
193	Paul	1832—	»	Marie Bader
231	Paul	1863—	Mulhouse	
256	Paul	1893—	Luxembourg-Mulh.	
287	Paul	1904—	Rheinfelden-Mulh.	
278	Paul-Ernest	1893—	Illzach-Arbon	
103	Philippe.	1709—1757	Mulhouse	Catherine Thierry
135	Philippe-Jacques . . .	1756—1829	»	Anne-Catherine Witz
3	Pierre	1410—1479	»	N. . . . . N. . . . .
23	Pierre	1528—1583	Mulhouse	Catherine Labürlin
17	Pierre	1535—1591	Illzach	I. Adelaïde Fischer II. Marie Alandt
29	Pierre	1574—	Illzach	I. Marguerite Schlienger II. Gertrude Veldecker
43	Pierre	1604—	Illzach-Mulhouse	Madeleine Scheuer
59	Pierre	1644—1699	Illzach	Anne Wehrlin
68	Pierre	1672—	»	Barbe Leib und Guth
72	Pierre	1684—1743	»	Anne-Catherine Zurcher
78	Pierre	1687—1761	Mulhouse	Judith Hoffmann
87	Pierre	1696—1751	Illzach	Marie-Cléophée Vogel
91	Pierre	1709—1747	»	Marguerite Muller
89	Pierre	1715—1748	Illzach-Mulhouse	Marguerite Amsler
114	Pierre	1726—1781	Illzach	Anne-Elisabeth de Bihl
111	Pierre	1734—1800	»	Elisabeth Reinhardt
120	Pierre	1736—	»	Anne-Catherine Minder
116	Pierre	1740—1808	Mulhouse	I. Ursule Kuhm II. Cléophée Ziegler
149	Pierre	1751—1794	Illzach	Anne-Catherine Geyelin

NUMÉRO DU TABLEAU	NOMS	NAISSANCE ET DÉCÈS	ORIGINE ET RÉSIDENCE	ÉPOUSES
133	Pierre Steinbach . . .	1755—1806	Mulhouse	I. Anne-Barbe Arlenspach II. Catherine Roth
143	Pierre	1771—1846	Illzach	Anne-Barbe Steinbach
188	Pierre	1776—1811	»	Anne-Marie Seiler
150	Pierre	1778—1847	»	Anne-Catherine Maergi
158	Pierre	1786—1855	»	Barbe Birgenbeil
180	Pierre	1798—1859	»	Elisabeth Steinbach
226	Pierre	1803—1859	Illzach-Mulhouse	Sophie Demougeot
229	Pierre	1811—	Illzach	Catherine Gœtz
198	Pierre	1828—1890	Illzach-Mulhouse	Eugénie Mergy
240	Pierre	1853 —	Mulhouse-Paris	Caroline Umbdenstock
255	Raymond	1891—	Luxembourg-Mulh.	
216	Robert	1856—	Paris	Madeleine Muller
261	Robert	1864—	Epinal-Tours	Louise Reiss
241	Robert	1872—	Illzach-Déville	Eugénie Mergy
252	Robert	1878—	Paris	Clémence Vaucoillic
293	Robert	1896—	»	
5	Rodolphe	1416—1480	Illzach	N. . . . . N. . . . .
10	Rodolphe	—1550	»	N. . . . . N. . . . .
47	Samuel	1619—1675	»	I. Marie Geiger II. Elisabeth Krämer
60	Samuel	1656—	»	Catherine Hauser
71	Samuel	1680—1737	»	Catherine Steinbach
70	Samuel	1681—1737	Illzach-Mulhouse	Barbe Wehrlin
119	Samuel	1760—1827	Mulhouse-Cernay	Marguerite Aegler
11	Sébastien	—1550	Illzach	Anne Scheffer
34	Sébastien	1581—1652	»	Catherine Böller
207	Théodore	1827—1870	Illzach-Paris	Marie-Catherine Duchêne
19	Thiébaut	1546—1612	Illzach	I. Barbe Zurcher II. Barbe Hügelin III. Elisabeth Bäumer
22	Thiébaut	1557—1628	»	Eve Hartmann
52	Thiébaut	1615—1667	Mulhouse	Barbe Wolff
67	Thiébaut	1675—	Illzach	Anne Ryff
76	Thiébaut	1681—1740	Mulhouse	I. Anne Hartmann II. Anne-Catherine Frölich
85	Thiébaut	1708—1769	Illzach	Elisabeth Zurcher

NUMÉRO DU TABLEAU	NOMS	NAISSANCE ET DÉCÈS	ORIGINE ET RÉSIDENCE	ÉPOUSES
109	Thiébaut Steinbach . .	1734—1786	Illzach	Elisabeth Walter
112	Thiébaut	1740—1805	»	I. Catherine Nifenecker
				II. Anne-Barbe Bær
145	Thiébaut	1775—1832	»	Elisabeth Gœtz
140	Thiébaut	1778—1807	»	Marguerite Mærgy
228	Thiébaut	1808—1846	»	Gertrude Voisinet
194	Thiébaut	1819—1874	Lutterbach-Lœrrach	I. Sophie Zinck
				II. Sophie Grosheintz
175	Ulric	1806—1849	Illzach-Mulhouse	Marie Geyelin
227	Ulric	1806—1879	Illzach-Courbevoie	I. Louise-Scholast. Lemarié
				II. Caroline Grabenstætter
292	Victor	1895—	Moscou	
12	Werlin	—1580	Illzach	N . . . . . N . . . . .
21	Werlin	1552—1602	Illzach-Mulhouse	Anne Gerber
36	Werlin	1584—1626	Illzach	I. Elisabeth Pariser
				II. Elisabeth Weber

II. ÉPOUSES STEINBACH

III. STEINBACH CÉLIBATAIRES DES DEUX SEXES

NUMÉRO DU TABLEAU	NOMS	NAISSANCE ET DÉCÈS	NUMÉRO DU TABLEAU	NOMS	NAISSANCE ET DÉCÈS
186	Abel Steinbach	1850—1886	124	Barbe Steinbach. . . .	1804—1832
228	Adam	1843—1869	201	Barbe	1868—
176	Adélaïde	1830—1905	174	Barbe-Emilie	1822—1847
159	Adèle	1830—1857	248	Bertha	1896—
261	Aimée	1898—	241	Berthe	1900—
155	Albert	1821—1841			
229	Albertine	1835—	176	Caroline	1837—1867
220	Alfred	1885—1909	77	Catherine.	1713—1792
247	Alice.	1899—	109	Catherine.	1771—1795
248	Alice.	1907—	165	Catherine.	1830—1849
240	Alice-Gabrielle.	1883—	205	Cécile	1867—
245	Alice-Marie-Thérèse . .	1896—	202	Céline	1861—
171	Alphonse	1839—	183	Charles.	1846—
235	Amélie.	1900—	203	Charles.	1871—
241	Andrée.	1910—	124	Chrétien	1813—1831
33	Anne	1620—1683	97	Cléophée	1769—1803
54	Anne	1659—1742			
96	Anne	1770—1823	63	Elie	1680—1731
118	Anne	1788—1871	182	Elisa	1839—
128	Anne	1793—1815	204	Elisa	1857—1877
203	Anne	1880—	96	Elisabeth	1755—1814
235	Anne	1891—	118	Elisabeth	1777—1851
75	Anne-Barbe	1713—1736	137	Elisabeth	1782—1839
96	Anne-Barbe	1773—1853	144	Elisabeth	1800—1882
123	Anne-Barbe	1780—1855	180	Elisabeth	1820—1903
137	Anne-Barbe	1781—1863	249	Elisabeth	1908—
77	Anne-Marie	1725—1750	160	Elise	1830—1896
264	Antoinette	1906—	187	Elise-Henriette.	1816—1836

NUMÉRO DU TABLEAU	NOMS	NAISSANCE ET DÉCÈS	NUMÉRO DU TABLEAU	NOMS	NAISSANCE ET DÉCÈS
159	Emile Steinbach	1835—1855	23	Jean Steinbach	1551—1601
183	Emile	1845—1889	16	Jean	1574—
206	Emile	1853—	32	Jean	1603—1628
205	Emile	1870—	13	Jean	—1628
205	Emilie	1867—	48	Jean	1642—
229	Emilie	1840—	104	Jean	1753—1792
197	Emma	1868—	121	Jean	1791—1822
206	Emma	1868—1905	141	Jean	1791—1868
242	Emma	1897—	146	Jean	1806—1838
4	Etienne	—1518	159	Jean	1825—1861
196	Eugène	1857—	169	Jean-Frédéric	1841—
168	Eugénie	1839—	137	Jean-Gaspard	1785—1865
167	Eugénie	1841—	131	Jean-Henry	1801—1840
226	Eugénie	1844—	151	Jean-Jacques	1801—1829
186	Eugénie	1864—	174	Jean-Jacques	1826—1886
260	Eugénie	1889—	103	Jean-Ulric	1747—1790
			174	Jules	1839—1871
9	François	—1576	176	Julie	1840—
5	Frédéric	—1521	206	Julie	1859—
48	Frédéric	1645—	270	Julie	1880—1910
162	Frédéric	1819—1846	241	Juliette	1898—
11	Georges	1559—	11	Laurent	—1550
183	Georges	1851—1894	165	Lisette	1827—1847
215	Georges	1883—	2	Louis	—1480
1	Greta	—1461	167	Louise	1836—1900
178	Gustave	1822—1841	220	Lucie	1891—
209	Gustave	1875—1896			
			238	Madeleine-Berthe-Sophie	1911—
235	Hélène	1895—	119	Marguerite	1791—1847
164	Henri	1820—1844	247	Marguerite	1904—
200	Henri	1874—	242	Marie-Anne	1886—
215	Henry	1891—	77	Marie-Madeleine	1708—1778
			155	Marie-Madeleine	1810—1841
48	Jacques	1640—	247	Marthe	1901—
65	Jacques	1697—1740	245	Méta-Rose-Irma	1906—
163	Jacques	1826—1884			
178	Jacques	1829—1870	223	Paul	1877—1898
226	Jacques	1836—1871	185	Pauline	1861—
2	Jean	—1462	3	Pierre	—1479

NUMÉRO DU TABLEAU	NOMS	NAISSANCE ET DÉCÈS	NUMÉRO DU TABLEAU	NOMS	NAISSANCE ET DÉCÈS
8	Pierre Steinbach	—1560	194	Sophie-Henr. Steinbach.	1856—
28	Pierre	1607—1666	118	Suzanne	1772—1814
120	Pierre	1763—1787			
158	Pierre	1824—1844	6	Thiébaut	—1513
			33	Thiébaut	1614—1653
186	Rosalie	1848—1902			
124	Rosine	1808—1835	92	Ursule	1745—1770
156	Rosine	1809—1842			
160	Rosine	1824—1875	75	Véronique	1710—1736
			78	Véronique	1720—1792
119	Samuel	1785—1827	182	Victor	1833—1870
228	Samuel	1845—1866			
11	Sébastien	—1550	16	Wolfgang	1572—
178	Sophie	1821—1867			
174	Sophie	1834—1909	217	Yvonne	1892—

IV. GENDRES

LISTE DES PORTRAITS ET ILLUSTRATIONS DU VOLUME

PORTRAITS

ILLUSTRATIONS

TABLE GÉNÉRALE DES MATIÈRES

RECTIFICATIONS ET ADDITIONS

Tableau 55   11e ligne, lire *Schultheiss* au lieu de Schultheis.
   »   60   6e » » *Rodolphe* » Rudolphe.
   »   61 § 4, 4e » » *Kohler* · » Keller.
   »   85 § 4, 1e » » † *avant 1802* » avant 1826.
   »   85 § 4, 2e » » *1737*   » 1738.
   »   92 § 9, 2e » changer † en ✕.
   »   104 § 1, 6e » lire *Renault* au lieu de Regnard.
   »   111 § 5, 2e » » *Schaerer* » Scherrer. L'orthographe de ce nom a varié.
   »   113   3e » » † avant *1802* » avant 1826.
   »   113   5e » » *1737*   » 1738.
   »   115 § 7, 2e » » *Pierre* » Peter.
   »   119 *Notes*   » *Steinbach* » Seinbach.
   »   132   2e » » *Georges-Daniel* au lieu de Georges.
   »   142 § 7, 1e » ajouter après an XII, le signe †.
   »   159 après § 3, intercaler : *3ª Emilie*, ✳ *en 1829*, † *27 mars 1863, à Mulhouse,*
                  ✕ *......., Guillaume Richert, menuisier.*
   »   164 § 1, 2e ligne, lire *(Nº 213)* au lieu de (Nº 212).
   »   164 § 3, 3e » ajouter : † *en 1911, à Dornach (Geisbühl).*
   »   165 § 5, 4e » lire *1856* au lieu de 1826.
   »   167 § 1, ajouter : ✕ *......, à Illzach, Théodore Blum, imprimeur d'indiennes.*
   »   174 § 1, 2e ligne, lire *25 mars* au lieu de 25 nov.
   »   195 § 1, 1e ligne, lire † *16 sept. 1904* au lieu de ✳ 16 sept. 1904.
   »   195 § 1, 2e » » ✕ *25 déc. 1869* » ✕ 1er mai 1847.
   »   198 § 3, 2e » » *1856*   » 1857.
   »   203 *Notes*, ajouter : *membre du Conseil presbytéral depuis trois ans.*
   »   206 § 2, 1e ligne, lire : † *2 juin 1887*, au lieu de 16 févr. 1881.
   »   215 § 2, 5e » » *réside* au lieu de résida.
   »   225 § 1, 1e » » † vers *1902* au lieu de vers 1802.
   »   251. Voir Tableau 215 § 3, contenant les détails reçus en cours d'impression.

TABLEAUX GÉNÉALOGIQUES

EXPLICATION DES SIGNES

✕ devant une date ou un nom est mis pour « épouse le ».

✱ devant une date est mis pour « né ou née le ».

† devant une date est mis pour « décédé ou décédée le ».

N. remplace le nom absent ou introuvable.

N° I

N. . . . . STEINBACH

* vers 1380, à Mulhouse, † avant 1418, à Mulhouse

╳ . . . ., à Mulhouse

ANNETTE *(Ennelin)* N. . . . ., * . . . ., † après 1438.

Enfants :

1. NICOLAS, **N° 2,** * vers 1408, † après 1462,
   ╳ . . . ., N. . . . . N. . . . .

2. PIERRE, **N° 3,** * vers 1410, † après 1479,
   ╳ . . . ., N. . . . . N. . . . .

3. JEAN, **N° 4,** * vers 1412, † après 1479,
   ╳ . . . ., AGNÈS N. . . . .

4. RODOLPHE, **N° 5,** * vers 1416, † après 1480, à Illzach,
   ╳ . . . ., N. . . . . N. . . . .

5. MARGUERITE *(Greta),* * . . . ., † . . . ., cité en 1461.

Notes. — ANNETTE STEINBACH, veuve, est mentionnée, en 1418, dans les registres de la taille, comme payant 6 β. Elle y est encore citée en 1435, avec son enfant (N° 4), taxée à 1 ℔, et, en 1438, à 15 β.

Il a été impossible de retrouver le prénom de son mari, malgré les recherches les plus minutieuses dans nos Archives municipales.

— I —

N° 2

NICOLAS STEINBACH, fils de N....., **N° 1**

* vers 1408, à Mulhouse, † après 1462, à Mulhouse

✕ ......, à Mulhouse

N..... N.....

Enfants :

1. JEAN, qui paie 9 *ß* de taille en 1462.

2. LOUIS, mentionné, en 1480, comme *Stubenmeister* à la tribu des Agriculteurs.

Notes. — NICOLAS *(Clewin)* STEINBACH demeurait dans la ville haute et payait 35 *ß* de taille en 1435, 3 ℔ en 1438 et 35 *ß* en 1462.
Membre de la tribu des Agriculteurs dès 1440, il en est *Stubenmeister* en 1460.
En 1452, il prit part à l'expédition contre le château de Zillisheim, qui avait donné asile aux écorcheurs.

N° 3

PIERRE STEINBACH, fils de N....., **N° 1**

* vers 1410, à Mulhouse, † après 1479, à Mulhouse

✕ ......, à Mulhouse,

N..... N.....

Enfant :

1. PIERRE, est reçu, en 1473, membre de la tribu des Vignerons. Encore cité
en 1479.

Notes. — PIERRE STEINBACH figure dans le *Zinsregister* d'Illzach en 1438 et en 1446, où il possédait un pré. En 1466, il est *Stubenmeister* à la tribu des Agriculteurs, et, en 1468, il prend part à l'expédition contre le château de Brunstatt.

JEAN STEINBACH (N° 4), BOURGMESTRE

Fac-similé du tableau armorié de l'Hôtel de ville de Mulhouse

N° 4

JEAN STEINBACH, fils de N....., **N° 1**

* vers 1412, à Mulhouse, † après 1479, à Mulhouse

☓ ......, à Mulhouse

AGNÈS N.....

Enfants :

1. HENRI, **N° 6**, * ...., † après 1492,
   ☓ ...., ANNETTE BRUSTLEIN, † avant 1512.

2. ETIENNE, * ...., † fin 1518, chapelain de l'autel des Onze-Mille-
   Vierges, cité en 1502.

3. MARGUERITE, † 1513. Avant de mourir, elle légua par testament 100 florins en faveur de l'œuvre de l'*Armentuch.*
   ☓ ...., BERTHOLD WAGNER.

Notes. — JEAN STEINBACH demeurait dans la ville haute et payait 1 ℔ 5 β de taille en
1435, 2 ℔ en 1438 et 4 ℔ en 1462. Bourgmestre dès 1453, il mourut après 1479. Il est cité
plusieurs fois dans le *Cartulaire de Mulhouse,* de X. MOSSMANN.

N° 5

RODOLPHE STEINBACH, fils de N....., **N° I**

* vers 1416, à Mulhouse, † après 1480, à Illzach

✕ ......, à Mulhouse

N..... N.....

Enfants :

1. JEAN, **N° 7**, * ...., † vers 1527,
       ✕ ...., N..... N.....

2. ETIENNE, **N° 8**, * ...., † avant 1539,
       ✕ ...., N..... N.....

3. FRÉDÉRIC, * ...., † après 1521, cité en 1502, 1513—1516, dans le
   Zinsregister d'Illzach. En 1521, il est mentionné comme échevin du
   tribunal de ce village.

Notes. — RODOLPHE STEINBACH, encore mineur en 1435, paraît s'être établi à Illzach assez tard, sans doute comme fonctionnaire, car, en 1462, il résidait encore à Mulhouse, dans la ville basse, et payait 2 ₰ de taille. En 1448, il est échevin du tribunal et, en 1468, il prend part à l'expédition contre Brunstatt. C'est en 1480 qu'on le trouve consigné dans le *Zins-register* ou censier des habitants d'Illzach.

Sa veuve vit encore à Illzach de 1495 à 1505.

— 4 —

N° 6

HENRI STEINBACH, fils de JEAN, N° 4

* . . . ., à Mulhouse, † après 1492, à Mulhouse

✕ . . . ., à Mulhouse

ANNETTE *(Ennelin)* BRUSTLEIN, * . . . ., † avant 1512,
fille d'ANTOINE BRUSTLEIN et de CORDULE WELSCH.

Enfants :

1. HENRI, le jeune, † avant 1554, paie la taille de 1495 à 1521. Sa veuve,
N. . . . . N. . . . ., est mentionnée le 4 sept. 1554.

2. JEAN, **N° 9,** * . . . ., † après 1531,
✕ . . . ., N. . . . . N. . . . .

3. THIÉBAUT, paie la taille de 1492 à 1513 et est *Stubenmeister* de la tribu des
Agriculteurs en 1499.

Notes. — HENRI STEINBACH paie 2 ₶ de taille en 1462, 4 ₶ en 1489 et en 1492.
Echevin en 1478, *Amtsmann* 1481.
Il fit partie, en 1468, de l'expédition contre le château de Brunstatt.

N° 7

JEAN STEINBACH, fils de RODOLPHE, N° 5

* . . . ., à Mulhouse, † vers 1527, à Illzach

✕ . . . ., à Illzach

N . . . . . N . . . . .

Enfants :

1. RODOLPHE, **N° 10**, * . . . ., † avant 1550,
   ✕ . . . ., N . . . . . N . . . . .

2. SÉBASTIEN, **N° 11**, * . . . ., † avant 1550,
   ✕ . . . ., ANNE SCHEFFER, * . . . ., † . . . .

3. WERLIN, **N° 12**, * . . . ., † après 1580,
   ✕ . . . ., N . . . . . N . . . . .

4. AGNÈS, * . . . ., † en 1550,
   ✕ . . . ., PANTALÉON *(Pantlin)* KORNMANN.

Notes. — JEAN STEINBACH résidait à Illzach, où il figure dans le *Zinsregister* de 1499 à 1527. Un document le cite comme *Meyer* ou maire d'Illzach en 1525. Il a occupé cette fonction de 1515 à 1526.

N° 8

ÉTIENNE STEINBACH, fils de RODOLPHE, N° 5

* . . . ., à Mulhouse, † avant 1539, à Illzach

✕ . . . ., à Illzach

N. . . . . N. . . . .

Enfants :

1. PIERRE, * . . . ., † avant 1560.

2. JEAN, **N° 13**, * . . . ., † avant 1572,
    ✕ . . . ., N. . . . . N. . . . .

Notes. — ÉTIENNE STEINBACH, cité en 1502 dans le *Zinsregister*, était échevin à Illzach en 1526.

N° 9

JEAN STEINBACH, fils de HENRI, N° 6

* . . . ., à Mulhouse, † après 1531, à Mulhouse

✕ . . . ., à Mulhouse

N. . . . . N. . . . .

Enfants :

1. JEAN, **N° 14**, * . . . ., † avant 1571,
    ✕ . . . ., N. . . . . N. . . . ., * . . . ., † entre 1571—1573.

2. AGNÈS, * . . . ., † après 1560,
    ✕ . . . ., MICHEL GRENTZINGER, † avant 1560.

3. FRANÇOIS, * . . . ., † 1576, au service du roi de France.

4. MARIE, * . . . ., † . . . .,
    ✕ 5 févr. 1561, CONRAD BUCHMANN.

Notes. — JEAN STEINBACH paie la taille de 1500 à 1531, à Mulhouse.

— 7 —

N° 10

RODOLPHE STEINBACH, fils de JEAN, N° 7

* ...., à Illzach, † avant 1550, à Illzach

✕ ...., à Illzach

N..... N.....

Enfants :

1. CONRAD, **N° 15**, * vers 1533, † avant le 6 avril 1572,
      ✕ ...., ELISABETH ZIMMERMANN, * ...., † ....

2. JEAN, **N° 16**, * vers 1534, † avant 1583,
      ✕ vers 1562, APOLLINE KÜRNICH, * ...., † après 1583.

3. PIERRE, **N° 17**, * vers 1535, † après 1591,
      ✕ avant 1558,   I. ADELAÏDE FISCHER, * ...., † avant 1591;
      ✕ 27 déc. 1591, II. MARIE ALANDT, * ...., † ....

4. NICOLAS, **N° 18**, * vers 1542, † après 1616,
      ✕ vers 1566,   I. BARBE GUTH, † avant 1616;
      ✕ 4 nov. 1616, II. BARBE HUMPRECHT.

Notes. — RODOLPHE STEINBACH résidait à Illzach. En 1515, il est à la bataille de Marignan. En 1541 et en 1543, il est cité comme détenteur de l'emphytéose du couvent de Klingenthal à Illzach. A cette dernière date, il est *Geschworner* ou échevin.

N° 11

SÉBASTIEN STEINBACH, fils de JEAN, N° 7

* . . . ., à Illzach, † avant 1550, à Illzach

✕ . . . ., à Illzach

ANNE SCHEFFER, * . . . ., † . . . .

Enfants :

1. GEORGES *(Jerg)*, prend son *Abschied* ou congé le 21 juin 1559.

2. LAURENT, mineur en 1550.

3. SÉBASTIEN *(Bastian)*, mineur en 1550.

Notes. — SÉBASTIEN (BASCHIAN) STEINBACH résidait à Illzach.

WERLIN STEINBACH, fils de JEAN, N° 7

* . . . ., à Illzach, ✝ après 1580 à Illzach

╳ . . . ., à Illzach

N . . . . . N . . . . .

Enfants :

1. MARGUERITE, * . . . ., ✝ après 1572,
    ╳ . . . ., I. THIÉBAUT ZURCHER ;
    ╳ 22 mai 1572, II. CONRAD HASS, pasteur d'Illzach.

2. THIÉBAUT, **N° 19**, * vers 1546, ✝ en 1612,
    ╳ vers 1572,   I. BARBE ZURCHER, ✝ avant 1581 ;
    ╳ 4 nov. 1581, II. BARBE HÜGELIN, ✝ avant 1612 ;
    ╳ 16 mars 1612, III. ELISABETH BÄUMER, de Masevaux.

3. ÉTIENNE, **N° 20**, * vers 1548, ✝ après 1582,
    ╳ vers 1568, CHRISTINE HÜGELIN.

4. WERLIN, **N° 21**, * vers 1552, ✝ avant 1602,
    ╳ . . . ., ANNE GERBER, ✝ après 1602.

Notes. — WERLIN STEINBACH est cité de 1550 à 1580. Il remplit les fonctions de *Meyer* d'Illzach de 1551 à 1554 et de 1574 à 1576.

JEAN STEINBACH, fils d'ÉTIENNE, N° 8

* . . . ., à Illzach, ✝ avant 1572, à Illzach

╳ . . . ., à Illzach

N . . . . . N . . . . .

Enfant :

1. JEAN, * . . . ., ✝ en 1628. Il résidait à Sausheim (v. **N° 22**, note 1).

2. THIÉBAUT, **N° 22**, * vers 1557, ✝ avant 1628,
    ╳ 2 mars 1579, ÈVE HARTMANN, * 17 nov. 1560, ✝ . . . .

Notes. — JEAN STEINBACH résidait à Illzach, où il est cité en 1559 et en 1561. En 1572, le registre des cens le dit décédé.

Nᵒ 14

JEAN STEINBACH, fils de JEAN, Nᵒ 9

* . . . . , à Mulhouse, † avant 1571, à Mulhouse

× . . . . , à Illzach

N. . . . . N. . . . . , * . . . . , † veuve, entre 1571—1573.

Enfants :

1. PIERRE, **Nᵒ 23**, * vers 1528, † en 1583,
   × 8 juin 1550, CATHERINE LABÜRLIN, * . . . . , † . . . .

2. FRANÇOIS, **Nᵒ 24**, * vers 1545, † après 1612,
   × vers 1568, MARGUERITE SPITZKOPFF, * . . . . , † après 1612.

3. MARIE, * . . . . , † . . . . ,
   × . . . . , DAVID FÜEGER, verrier.

4. AGNÈS, * . . . . , † . . . . ,
   × 26 déc. 1560, I. GEORGES BYRR.
   × 4 déc. 1561, II. JOSSE GYRER.

5. ANNE, * . . . . , † . . . . ,
   × avant 1598, JEAN LICHTENAUER.

Notes. — JEAN STEINBACH fut reçu, en 1524, à la tribu des Vignerons, à Mulhouse. Il demeurait dans la Hugwaldstrasse (rue de la Justice actuelle). De 1550 à 1556, il était garde-clefs à la Porte Jeune. En 1558, il fut nommé garde-vignes.

— 11 —

N° 15

CONRAD STEINBACH, fils de RODOLPHE, N° 10

* vers 1533, à Illzach, † avant le 6 avril 1572, à Illzach

✕ . . . ., à Illzach

ELISABETH ZIMMERMANN, * . . . ., † . . . .

Enfants :

1. BARBE, * 10 juin 1560, † avant 1572.

2. ANTOINE, **N° 25,** * 13 févr. 1562, † après 1595,
   ✕ 29 juin 1584, ANNE REÜLIN, * à Neuenstadt (canton de Berne),
   † . . . ., à Illzach.

3. THIÉBAUT, * 16 avril 1564, † avant 1572.

4. ADAM, **N° 26,** * 7 oct. 1565, † après 1606,
   ✕ 2 mai 1586, I. BARBE ZÜRCHER, * avant 1560, † 11 août 1586 ;
   ✕ 29 avril 1588, II. BARBE ROMANN, * . . . ., † avant 1615 ;
   ✕ 6 févr. 1615, III. VÉRÈNE HENTZINGER, veuve de HANS INTZ.

5. ELISABETH, * 26 janv. 1567, † après 1615,
   ✕ 30 avril 1599, GEORGES BAUMANN, * 10 oct. 1568, de JEAN BAUMANN
   et d'AGNÈS BÜRLIN.

6. ANNE, * Invocavit 1568, † avant 1572.

7. JEAN, * Laetare 1570, † avant 1572.

Notes. — CONRAD STEINBACH résidait à Illzach et y fut échevin en 1558. Sa veuve se
remaria avec ANTOINE HARTMANN, d'Illzach.

— 12 —

N° 16

JEAN STEINBACH, fils de RODOLPHE, **N° 10**

* vers 1534, à Illzach, † avant 1583, à Illzach

✕ vers 1562, à Illzach

APOLLINE KÜRNICH, * ...., † après 1583.

Enfants :

1. ELISABETH, * 24 janv. 1563, † ....

2. JEAN, * 28 nov. 1563 *(sic)*, † avant 1574.

3. ANNE, * 24 juin 1565, † ....

4. MARGUERITE, * 17 nov. 1566, † ....

5. ANTOINE, **N° 27**, * 22 févr. 1568, † en 1607,
    ✕ 26 avril 1596, ANNE IRING, * en août 1578, † ....

6. CONRAD, * 12 déc. 1568, † ....

7. AFFRA, * 6 août 1570, † ....

8. MARIE, * 16 sept. 1571, † ....

9. WOLFGANG, * 31 août 1572, † ...., au dehors.

10. JEAN, * 14 févr. 1574, † ...., au dehors.

Notes. — JEAN STEINBACH résidait à Illzach. Il portait le surnom de *Schœpflin*. Le 10 déc. 1595, ses deux plus jeunes fils prirent leur congé (*Abschiedsbrief*).

N° 17

PIERRE STEINBACH, fils de RODOLPHE, **N° 10**

* 1535, à Illzach, † après 1591, à Illzach

× avant 1558, à Illzach

I. ADELAÏDE FISCHER, * . . . . , † avant 1591;

× 27 déc. 1591, à Illzach

II. MARIE ALANDT, * . . . . , † . . . .

I. Enfants :

1. ELISABETH, * vers 1558, † . . . . ,
   × 15 juill. 1577, HENRI RICHERT.

2. SÉBASTIEN, * 21 janv. 1560, † . . . .

3. ANNE, * 1er févr. 1562, † . . . . ,
   × 4 nov. 1583, JEAN DANNER, de Battenheim.

4. CHRISTOPHE, * 24 oct. 1563, † . . . .

5. BARBE, * Rameaux 1566, † . . . .
   × 1er mai 1592, GEORGES BÜRLIN, * 16 juillet 1578, de GEORGES
   BÜRLIN et d'AGNÈS SCHLIENGER.

6. JEAN, * 31 oct. 1568, † . . . .

7. ARNOLD, **N° 28**, * 8 juin 1571, † après 1645,
   × 3 avril 1598, I. EUPHRASIE HÜGELIN, * à Pfastatt, † avant 1602;
   × 26 avril 1602, II. ELISABETH SPINDLER, * . . . . , † . . . .

8. PIERRE, **N° 29**, * 17 janv. 1574, † . . . .
   × 13 mars 1598, I. MARGUERITE SCHLIENGER, † avant 1638;
   × 3 janv. 1638, II. GERTRUDE VELDECKER, veuve de MARC GEYELIN
   (v. **N° 18**, § 1).

II. Sans Enfants.

Notes. — PIERRE STEINBACH résidait à Illzach. Le 17 sept. 1583, il conclut un arrange-
ment avec la veuve de son frère JEAN **(N° 16)**, comme tuteur des enfants de ce dernier. Il
fut *Geschworner* à Illzach en 1595.

N° 18

NICOLAS STEINBACH, fils de RODOLPHE, N° 10

* vers 1542, à Illzach, † après 1616, à Illzach

✕ vers 1566, à Illzach

I. BARBE GUTH, * ...., † avant 1616;

✕ le 4 novembre 1616, à Illzach

II. BARBE HUMPRECHT,
veuve du pasteur CONRAD REÜTIMANN, † 1610.

I. Enfants :

1. AGNÈS, * 10 août 1567, † avant 1616,
   ✕ 4 nov. 1605, MARC GEYELIN[1], de Mulhouse, * 4 nov. 1582, de
   LOUIS GEYELIN et d'ANNE WEBER.
2. NICOLAS, **N° 30,** * 25 déc. 1569, † après 1620,
   ✕ 6 nov. 1598, APOLLINE HARTMANN, * 13 nov. 1579, † après 1620.
3. MARTIN, **N° 31,** * Trinité 1572, † ....
   ✕ 13 févr. 1595, ELISABETH MEIER, * à Blotzheim, † ....
4. JEAN, **N° 32,** * 11 sept. 1575, † 5 mai 1637,
   ✕ 7 mars 1597, ELISABETH SCHLIENGER, * à Mulhouse, † ....
5. ADAM, **N° 33,** * 26 janv. 1578, † vers 1624,
   ✕ 17 janv. 1603, BRIGIDE BURCKHARDT, * à Pfastatt, † ....
6. SÉBASTIEN, **N° 34,** * 22 janv. 1581, † avant 1652,
   ✕ 19 janv. 1601, CATHERINE BÖLLER, * ...., † après lui.
7. ANNE, * 27 sept. 1584, † ....
8. GUILLAUME-PIERRE, * 14 juill. 1588, † ....
9. SIMON, * 8 oct. 1592, † ....

II. Sans Enfants.

Notes. — NICOLAS STEINBACH résidait à Illzach. En 1572 et 1582, il paie le cens sur une emphytéose.

---

[1] Le 14 oct. 1616, il se remaria, à Illzach, avec GERTRUDE VELDECKER, de Mulhouse, et résida de nouveau en ville.

THIÉBAUT STEINBACH, fils de WERLIN, N° 12

* vers 1546, à Illzach, † en 1612, à Illzach

✕ vers 1572, à Illzach

I.   BARBE ZURCHER, * . . . . , † avant 1581,
fille d'ANTOINE *(Thengen)* ZURCHER;

✕ 4 novembre 1581, à Illzach

II. BARBE HÜGELIN, * . . . . , † avant 1612.
veuve de THIÉBAUT FEDERSPIEL, de Mulhouse, et du pasteur
SIMON RACK, d'Illzach, originaire de Bâle, † 1581;

✕ 16 mars 1612, à Illzach

III. ELISABETH BÄUMER, de Masevaux, * . . . . , † . . . .

I. Enfants :

1. ADAM, * 19 juill. 1573, † avant 1581.
2. JEAN, **N° 35,** * 14 août 1578, † . . . .
✕ 14 juin 1600, ANNE FREY, * à Rixheim, † . . . .
3. AMÉLIE, * vers 1580, † . . . . , à Mulhouse,
✕ 19 janv. 1601, JEAN FOERNER, fabricant d'huile, de Mulhouse.

II. Enfants :

4. BARBE, * 26 août 1578, † . . . .
5. WERLIN, **N° 36,** * 1er mars 1584, † vers 1626,
✕ 2 déc. 1605, I. ELISABETH PARISER, * . . . . , † vers 1620;
✕ 11 sept. 1620, II. ELISABETH WEBER, * 23 juin 1588, † . . . .
6. PIERRE, * 16 févr. 1589, † . . . .
7. MICHEL, * 14 mars 1591, † . . . .
8. NICOLAS, * 19 mai 1594, † . . . .

III. Sans Enfants.

Notes. — THIÉBAUT STEINBACH était *Meyer* à Illzach de 1588 à 1612. Le 22 mars 1592,
il fait son testament avec sa seconde femme, BARBE HÜGELIN.

N° 20

ÉTIENNE STEINBACH, fils de WERLIN, N° 12

* vers 1548, à Illzach, † après 1582, à Illzach

✕ vers 1568, à Illzach

CHRISTINE *(Chrischona)* HÜGELIN, * . . . ., † . . . .
fille d'ÉTIENNE HÜGELIN et de N. . . . . BENNER.

Enfants :

1. JEAN, * 6 févr. 1569, † . . . . . .

2. SÉBASTIEN, * 13 janv. 1572, † . . . .

3. ADAM, **N° 37**, * 8 mai 1575, † vers 1653,
    ✕ 17 oct. 1596, ANNE OBIN, * à Bâle, † . . . .

4. WERNER, * 30 mars 1578, † . . . .

5. LÉONARD *(Lienhart)*, * 4 févr. 1582, † . . . .

Notes. — ÉTIENNE STEINBACH résidait à Illzach. Sa veuve se remaria, le 25 juin 1592, avec JACQUES FREY, de Mulhouse.

N° 21

WERLIN STEINBACH, fils de WERLIN, N° 12

* vers 1552, à Illzach, † avant 1602, à Mulhouse

✕

ANNE GERBER, * . . . ., † après 1602.

Sans Enfants.

Notes. — WERLIN STEINBACH s'établit d'abord à Sausheim, et fut admis bourgeois de Mulhouse en 1593. L'année suivante, le 31 mars 1594, il fut reçu membre de la tribu des Vignerons.

THIÉBAUT STEINBACH, fils de JEAN, N° 13

* vers 1557, à Illzach, † avant 1628, à Illzach

✕ 2 mars 1579, à Illzach

ÈVE HARTMANN, * 17 nov. 1560, † . . . .
fille de THIÉBAUT HARTMANN et de N . . . . . RINCK.

Enfants :

1. JEAN, **N° 38**, * 28 août 1580, † avant 1628.
   ✕ vers 1610, ELISABETH GUTZWILLER, * . . . . , † . . . .

2. CONRAD, * 24 févr. 1583, † avant 1628.

3. MICHEL, * 29 mars 1584, † avant 1628.

4. ANTOINE *(Thenig)*, * 5 déc. 1585, † avant 1628.

5. GEORGES, * 19 nov. 1587, † avant 1628.

6. VÉRÈNE, * 14 déc. 1589, à Mulhouse, † avant 1628.

7. ANNE, * 26 mars 1592, † avant 1628.

8. HENRI, * 11 mai 1595, † avant 1628.

9. ELISABETH, * 6 nov. 1597, † avant 1628,
   ✕ 13 sept. 1618, JEAN BECK, berger, de Baldersheim.

10. MARTIN[1], * 25 mai 1600, † après 1628.

Notes. — THIÉBAUT STEINBACH, le jeune, résidait à Illzach. Il est cité, en 1572 et en 1596, comme payant des cens sur certaines emphytéoses du village.

---

[1] Le 31 déc. 1628, MARTIN STEINBACH, fils de feu THIÉBAUT STEINBACH, d'Illzach, déclare par devant le magistrat de Mulhouse que son père a eu un frère JEAN STEINBACH, qui vient de mourir à Sausheim et dont il est l'héritier. (*Missiven-Protokoll*, t. 22, Archives de Mulhouse.)
Ce document prouve qu'en 1628, tous les frères et sœurs de MARTIN étaient décédés.

N° 23

PIERRE STEINBACH, fils de JEAN, N° 14

* vers 1528, à Mulhouse, † en 1583, à Mulhouse

✕ 8 juin 1550, à Mulhouse

CATHERINE LABÜRLIN, * . . . . , † . . . .
fille de Henri Labürlin († 1552) et d'Elisabeth Benner.

Enfant :

1. Jean, * vers 1551, † après 1601.

    Il figure parmi les bourgeois séditieux de 1587 et est frappé d'une amende de 10 ₶, sur une fortune évaluée à 100 ₶. En 1601, il est mentionné parmi les miliciens de la ville.

Notes. — Pierre Steinbach fut admis, le 24 août 1550, à la tribu des Vignerons. En 1551, il fut nommé garde-vignes, et le 26 nov. 1554, il acheta une maison en ville.

N° 24

FRANÇOIS STEINBACH, fils de JEAN, N° 14

* vers 1545, à Mulhouse, † après 1612, à Mulhouse

✕ vers 1568, à Mulhouse

MARGUERITE SPITZKOPFF, * . . . ., † après 1612,
fille de MICHEL SPITZKOPFF et d'ANNE BINDER.

Enfants :

1. SUZANNE, * . . . ., † . . . .
   ✕ avant 1608, ÉTIENNE GEYELIN, boulanger, divorcé en 1608.

2. BARBE, * . . . ., † après 1612.

3. ANNE, * . . . ., † vers 1606,
   ✕ vers 1597, MICHEL MEYER.

4. MICHEL, **N° 39**, * vers 1572, † en 1630,
   ✕ 15 nov. 1613, ANNE BURGER, * . . . ., † . . . .

5. FRANÇOIS, **N° 40**, * avant 1579, † en 1618,
   ✕ 21 juin 1613, VÉRÈNE BAUCK, * . . . ., † . . . .

6. CATHERINE, * 19 août 1579, † . . . .

7. JEAN, **N° 41**, * 5 août 1582, † 5 mai 1666,
   ✕ 8 janv. 1609, I. ANNE ECK, * à Bâle, † vers 1635;
   ✕ 28 nov. 1636, II. ANNE GROSHEINTZ, veuve de GEORGES SCHLUM-
   BERGER, conseiller, * avant 1579, † . . . .

8. MARGUERITE, * 25 mai 1586, † . . . .

Notes. — FRANÇOIS STEINBACH, vigneron, fut admis à la tribu des Vignerons, le 28 févr. 1568, dont il est zunftmestre dès 1587. En 1608, il est mentionné comme *Stubenknecht* à l'Hôtel de ville. En 1612, il fait son testament avec sa femme.

Lors de l'affaire Fininger, en 1587, il s'était rangé du côté des bourgeois séditieux et s'enfuit de la ville. Il rentra plus tard en grâce auprès des autorités.

— 20 —

N° 25

ANTOINE STEINBACH, fils de CONRAD, N° 15

* 13 févr. 1562, à Illzach, † après 1595, à Illzach,

✕ 29 juin 1584, à Illzach

ANNE REÜLIN, * à Neuenstadt (canton de Berne), † ...., à Illzach.

Sans Enfants.

Notes. — ANTOINE STEINBACH résidait à Illzach. Les deux époux font leur testament, le 19 mars 1589, mais le mari vit encore en 1595, année où il est cité comme payant le cens de l'emphytéose du couvent de Klingenthal, de Bâle, qu'il possédait avec son frère ADAM, et qui leur revenait de leur grand-père RODOLPHE STEINBACH **(N° 10)**.

ADAM STEINBACH, fils de CONRAD, N° 15

* 7 oct. 1565, à Illzach, † après 1606, à Illzach

✕ 2 mai 1586, à Illzach

I. BARBE ZÜRCHER, * avant 1560, † 11 août 1586;

✕ 29 avril 1588, à Illzach

II. BARBE ROMANN, * . . . . , † avant 1615;

✕ 6 févr. 1615, à Illzach

III. VÉRÈNE HENTZINGER, veuve de JEAN INTZ.

I. Sans Enfants.

II. Enfants :

1. CLAIRE-ANNE *(Cloranna)*, * 28 mai 1592, † avant 1606.

2. ANNE, * 29 févr. 1596, † . . . .
   ✕ 10 déc. 1627, I. PIERRE CHRISTEN, de Mulhouse;
   ✕ 18 déc. 1645, II. JEAN-GEORGES WEISS, de Mulhouse, instituteur à
   Illzach.

3. SALOMÉ, * 5 févr. 1598, † . . . .

4. JEAN-CONRAD, * 2 déc. 1599, † . . . .

5. JEAN-JACQUES, N° 42, * 28 févr. 1602, † en 1651,
   ✕ 29 sept. 1623, I. DOROTHÉE HARTMANN, * 1er déc. 1588, † vers
   1649;
   ✕ 20 déc. 1649, II. ANNE TRITSCH, veuve d'ANTOINE WEBER, † 1648.

6. PIERRE, N° 43, * 12 sept. 1604, † . . . .
   ✕ avant 1634, MADELEINE SCHEUER, * avant 1615, † . . . .

7. CLAIRE-ANNE *(Cloranna)*, * 6 juill. 1606, † . . . .

III. Sans Enfants.

Notes. — ADAM STEINBACH résidait à Illzach, et était, en 1595, avec son frère ANTOINE, détenteur de l'emphytéose que le couvent de Klingenthal, de Bâle, possédait dans le village. Il paie encore le cens en 1600.

N° 27

ANTOINE STEINBACH, fils de JEAN, N° 16

* 22 févr. 1568, à Illzach, † en 1607, à Illzach

✕ 26 avril 1596, à Illzach

ANNE IRING, * en août 1578, à Mulhouse, † . . . . ,
fille de PIERRE IRING et d'ANNE ULRICH.

Enfants :

1. AGNÈS, * 5 juin 1597, † . . . .

2. ELISABETH, * 18 juin 1598, † . . . .

3. ANTOINE *(Thengi)*, N° 44, * 15 juin 1600, † avant 1641,
   ✕ 6 mai 1624, ANNE SCHMID, * 12 mars 1603, † 10 mai 1665.

4. ANNE, * 6 déc. 1601, † avant 1604.

5. JEAN, N° 45, * 24 avril 1603, † vers 1656,
   ✕ 15 janv. 1627, BARBE WEBER, * 22 févr. 1607, † vers 1684.

6. ANNE, * 16 sept. 1604, † . . . .

7. CONRAD, * 6 avril 1606, † . . . .

8. ÉTIENNE, N° 46, 11 oct. 1607, † 13 oct. 1671,
   ✕ 15 sept. 1630, I. BARBE WEBER, * 14 févr. 1591, † 1er janv.
   1657;
   ✕ 1er juin 1657, II. BARBE BÜRGIN, de Lupsingen (cant. de Berne).

Notes. — ANTOINE STEINBACH résidait à Illzach.

— 23 —

N° 28

ARNOLD STEINBACH, fils de PIERRE, N° 17

* 8 juin 1571, à Illzach, † après 1645, à Illzach

✕ 3 avril 1598, à Illzach

I. EUPHRASIE *(Ephrasin)* HÜGELIN, * à Pfastatt, † avant 1602;

✕ 26 avril 1602, à Illzach

II. ELISABETH SPINDLER, * . . . . , † . . . .

I. Enfants :

1. GEORGES, * 22 juill. 1599, † . . . .

2. JEAN, * 21 juin 1601, † . . . .

II. Enfants :

3. ANNE, * 20 nov. 1603, † . . . .

4. ELISABETH, * 28 avril 1605, † après 1666 (testament avec son second
mari),
✕ 27 juin 1631, à Illzach, I. WOLFGANG STADLER, de Langnau
(Suisse), † avant 1640;
✕ 27 août 1640, à Mulhouse, II. JACQUES HAUER, armurier, † après
1666.

5. PIERRE, * 8 mars 1607, † vers 1666 (testament).

6. ADELAÏDE, * 3 déc. 1609, † . . . .
✕ 20 mars 1639, JEAN SPINDLER.

7. MARIE, * vers 1611, † 3 mars 1679, à Mulhouse,
✕ 10 mai 1641, à Illzach, ADAM EDELMEYER, * en 1620, à Mannheim, † 11 janv. 1687, à Mulhouse.

8. SUZANNE, * 26 avril 1612, † en 1642,
✕ vers 1640, BERNARD LECHNER[1].

---

[1] Il se remaria, en 1642, avec MARGUERITE-SCHMID.

9. MADELEINE, * 27 mars 1614, † 15 févr. 1685, à Mulhouse,
   ✕ ...., N..... NIEDERHÄUSER.

10. SAMUEL, **N° 47**, * 17 oct. 1619, † en 1675,
    ✕ 7 févr. 1642, I. MARIE GEIGER, * 20 mars 1619, à Mulhouse,
       † avant 1666;
    ✕ 26 févr. 1666, II. ELISABETH KRAEMER, * 22 juill. 1627, † ......

11. THIÉBAUT, * 24 juin 1621, † ....

Notes. — ARNOLD STEINBACH résidait à Illzach, où il est cité comme *Kilchwart* ou sacristain en 1614.

N° 29

PIERRE STEINBACH, fils de PIERRE, **N° 17**

* 17 janv. 1574, à Illzach, † ...., à Illzach,

✕ 13 mars 1598, à Illzach

I. MARGUERITE SCHLIENGER, * ...., † avant 1637;

✕ 3 janv. 1638, à Mulhouse

II. GERTRUDE VELDECKER, veuve de MARC GEYELIN (v. **N° 18**, § 1),

* ...., † ....,

fille de GEORGES VELDECKER, de Bregenz.

I. Enfants :

1. ELISABETH, * 15 juill. 1601, † ....

2. ANNE, * 21 oct. 1604, † ....

3. PIERRE, * 29 juin 1606, † ....

4. JEAN-JACQUES, **N° 48**, * 14 juill. 1611, † .... (Palatinat),
   ✕ vers 1636, ANNE BEFFORT, * 11 mai 1608, à Mulhouse, † ....
   (Palatinat), fille de JEAN BEFFORT et d'ANNE ALTMANN.

II. Sans Enfants.

Notes. — PIERRE STEINBACH résidait à Illzach. Le 16 mars 1638, il est reçu membre de la tribu des Agriculteurs, de Mulhouse.

N° 30

NICOLAS STEINBACH, fils de NICOLAS, N° 18
* 25 déc. 1569, à Illzach, † après 1620, à Illzach,

✕ 6 nov. 1598, à Illzach

APOLLINE HARTMANN, * 13 nov. 1579, † après 1620,
fille de VALENTIN *(Veltin)* HARTMANN et d'ELISABETH WEBER.

Enfants :

1. ANTOINE *(Dengi)*, * 27 juill. 1600, † . . . .

2. JEAN, * 18 oct. 1601, † avant 1613.

3. SIMON-ANDRÉ, * 8 janv. 1604, † . . . .

4. NICOLAS, * 27 avril 1606, † . . . .

5. MADELEINE, * 28 févr. 1608, † 3 févr. 1671.

6. PIERRE, * 14 juill. 1611, † avant 1617.

7. JEAN, * 21 févr. 1613, † . . . .

8. CATHERINE, * 22 janv. 1615, † 16 mai 1679,
   ✕ 1er mars 1652, APOLLINAIRE FRITSCHIN, à Mulhouse, † 28 mai 1693.

9. PIERRE, * 30 mars 1617, † . . . .

10. JEAN-ADAM, * 27 août 1620, † . . . .

Notes. — NICOLAS STEINBACH résidait à Illzach.

MARTIN STEINBACH, fils de NICOLAS, N° 18

* Trinité 1572, à Illzach, † . . . . , à Illzach

$\times$ 13 févr. 1595, à Illzach

ELISABETH MEIER, * à Blotzheim, ·† . . . .

Enfants :

1. GASPARD, **N° 49**, * 11 mai 1595, † . . . .
   $\times$ 26 janv. 1618, MADELEINE HÜGELIN, * . . . . , † . . . .

2. BARBE, * 8 août 1596, † . . . .

3. JEAN-ULRIC, **N° 50**, * 18 mars 1599, † . . . .
   $\times$ en nov. 1623, I. JULIE HEITZ, * à Dambach, † avant 1629;
   $\times$ 28 sept. 1629, II. URSULE HÜGELIN, veuve de JEAN-JACQUES SCHEÜER.

4. CATHERINE, * 6 sept. 1601, † . . . .

5. HENRI, * 6 mars 1603, † . . . .

6. MADELEINE, * 13 mars 1611, † après 1633.

Notes. — MARTIN STEINBACH résidait à Illzach.

N° 32

JEAN STEINBACH, fils de NICOLAS, N° 18

* 11 sept. 1575, à Illzach, † 5 mai 1637, à Mulhouse

✕ 7 mars 1597, à Illzach

ELISABETH SCHLIENGER, * à Mulhouse, † . . . .

Enfants :

1. SUZANNE, * 4 déc. 1597, † . . . .

2. AGNÈS, * 7 oct. 1599, † . . . .

3. BARBE, * 23 août 1601, † . . . .

4. JEAN, * 4 sept. 1603, † 14 nov. 1628, célibataire. Il exerça la même profession que son père et fut admis, le 25 févr. 1627, à la tribu des Tailleurs, de Mulhouse.

5. MATHIAS, * 6 oct. 1605, † . . . .

6. ELISABETH, * 4 nov. 1607, † . . . .

7. SIMON-ANDRÉ, * 10 févr. 1611, à Illzach, † . . . .

Notes. — JEAN STEINBACH, tailleur de profession, résida à Mulhouse, où tous ses enfants, sauf le dernier, sont nés.

Il fut admis, le 28 août 1597, à la tribu des Tailleurs, mais paraît l'avoir quittée pour se fixer temporairement à Illzach. Le 15 juin 1621, il y est réadmis par faveur.

N° 33

ADAM STEINBACH, fils de NICOLAS, N° 18

* 26 janv. 1578, à Illzach, † vers 1624, à Illzach,

× 17 janv. 1603, à Illzach

BRIGIDE BURCKHARDT, * à Pfastatt, † . . . .

Enfants :

1. BARBE, * 4 déc. 1603, † . . . .

2. JEAN-CONRAD, **N° 51**, * 13 janv. 1605, † 4 août 1672,
   × vers 1630, CATHERINE DANNER, * 17 juin 1610, † 6 févr. 1664.

3. MELCHIOR, * 19 oct. 1606, † . . . .

4. CLAIRE-ANNE *(Claranna)*, * 1er oct. 1608, † . . . .

5. PIERRE, * 30 sept. 1610, † . . . .

6. GASPARD, * 6 déc. 1612, † . . . .

7. THIÉBAUT, * 13 févr. 1614, émigra au loin. En 1653, on était encore
   sans nouvelles de lui.

8. MADELEINE, * 5 mars 1615, † . . . .
   × 25 nov. 1644, THIÉBAUT AEHL, * 9 mai 1619, de LÉONARD AEHL
   et de BARBE KÜNTZLIN.

9. ADAM, * 20 oct. 1616, † . . . .

10. URSULE, * 5 avril 1618, † 11 mai 1662,
    × 10 juill. 1643, NICOLAS BOHN, de Baumgartendorf (Westrich).

11. BRIGIDE, * 18 juill. 1619, † . . . .

12. ANNE, * 16 juill. 1620, † 27 nov. 1683, célibataire, à Mulhouse.

Notes. — ADAM STEINBACH résidait à Illzach. Sa veuve se remaria, le 6 déc. 1624, avec
JEAN SCHWARTZ, veuf d'URSULE CASPAR.

N° 34

SÉBASTIEN STEINBACH, fils de NICOLAS, N° 18

* 22 janv. 1581, à Illzach, † avant 1652, à Illzach

✕ 19 janv. 1601, à Illzach

CATHERINE BÖLLER, * . . . . , † après lui.

Sans Enfants.

Notes. — SÉBASTIEN STEINBACH résidait à Illzach.

N° 35

JEAN STEINBACH, fils de THIÉBAUT, N° 19

* 14 août 1578, à Illzach, † . . . . , à Illzach

✕ 14 juin 1600, à Illzach

ANNE FREY, * à Rixheim, † . . . .

Enfants :

1. BARBE, * 1er févr. 1601, † . . . .
2. THIÉBAUT, * 16 mai 1602, † . . . .
3. ELISABETH, * 3 juill. 1603, † . . . .
4. JEAN, * 7 oct. 1604, † . . . .
5. CLAIRE-ANNE, * 2 mars 1606, † . . . .
6. DOROTHÉE, * 14 mai 1607, † . . . .
7. AGNÈS, * 23 nov. 1608, † 6 janv. 1663,
    ✕ 15 janv. 1627, ABRAHAM WEBER, * 12 sept. 1604, d'ULRIC *(Uly)* WEBER et de MADELEINE ZURCHER.

Notes. — JEAN STEINBACH résidait à Illzach.

N° 36

WERLIN STEINBACH, fils de THIÉBAUT, N° 19

* 1er mars 1584, à Illzach, † vers 1626, à Illzach

✕ 2 déc. 1605, à Illzach

I. ELISABETH PARISER, * ...., † vers 1620, à Illzach;

✕ 11 sept. 1620, à Illzach

II. ELISABETH WEBER, * 23 juin 1588, † ....,
   fille de JEAN WEBER, *Meyer* d'Illzach, et d'ELISABETH ZURCHER.
   Elle se remaria, le 15 janv. 1627, avec ANDRÉ SISER,
   d'Altenach, prés d'Altkirch.

I. Enfants :

1. BARBE, * 21 déc. 1606, † ...., à Mulhouse,
   ✕ 10 déc. 1627, SIMON MENCKEL, de Mulhouse, * 17 juin 1604, de
   NICOLAS MENCKEL et de MADELEINE KESSLER.

2. CLAIRE-ANNE, * 27 nov. 1608, † ....

3. MICHEL, * en sept. 1611, † ....

4. PIERRE, * 18 sept. 1614, † ....

5. ELISABETH, * 14 avril 1616, † avant 1619.

6. VÉRÈNE, * 5 oct. 1617, † après lui,
   ✕ 28 févr. 1642, JEAN-ULRIC MEYER, * 12 nov. 1615, † avant 1665,
   de JEAN MEYER et d'APOLLINE WEBER.

7. JEAN-THIÉBAUT ⎱ ⎰ † ....
   ⎰ * 14 nov. 1619 ⎱
8. ELISABETH ⎰ ⎱ † ....

II. Sans Enfants.

Notes. — WERLIN STEINBACH résidait à Illzach.

N° 37

ADAM STEINBACH, fils d'ÉTIENNE, N° 20

* 8 mai 1575, à Illzach, † vers 1653, à Illzach

✕ 17 oct. 1596, à Illzach

ANNE OBIN, * . . . . , à Bâle, † . . . .

Enfant :

1. JEAN, * 5 juill. 1601, † . . . .

Notes. — ADAM STEINBACH résidait à Illzach.

N° 38

JEAN STEINBACH, fils de THIÉBAUT, N° 22

* 28 août 1580, à Illzach, † avant 1628, à Illzach

✕ vers 1610

ELISABETH GUTZWILLER, * . . . . , † . . . . ,
fille de JEAN-HENRI GUTZWILLER.

Enfant :

1. THIÉBAUT, * 10 févr. 1611, † avant 1628.

Notes. — JEAN STEINBACH résidait à Illzach.

N° 39

MICHEL STEINBACH, fils de FRANÇOIS, N° 24

* vers 1572, à Mulhouse, † en 1630, à Mulhouse

✕ 15 nov. 1613, à Mulhouse

ANNE BURGER, * . . . ., † . . . .,
veuve de MICHEL SYFRIDT.

Enfants :

1. JEAN-MICHEL, * 13 juill. 1614, † . . . . . .

2. THIÉBAUT, **N° 52**, * 25 oct. 1615, † en 1667,
   ✕ vers 1638, BARBE WOLFF, * 6 juin 1613, † 18 avril 1686.

3. ANNE, * 21 sept. 1617, † . . . .

4. VÉRÈNE, * 21 févr. 1619, † . . . .

5. MARTIN, * 15 nov. 1620, † . . . .

6. JEAN, * 15 mai 1622, † . . . .

7. MARIE, * 11 juill. 1624, † . . . .

8. MADELEINE, * 19 nov. 1626, † vers 1671,
   ✕ 18 août 1634, NICOLAS HEILMANN, conseiller, * 25 juill. 1613,
   † 26 août 1683, de LAURENT HEILMANN, tonnelier, et d'ANNE
   SCHLUMBERGER.

Notes. — MICHEL STEINBACH, tonnelier, faisait partie de la Société des Arbalétriers, de
Mulhouse. En 1619, il fut garde-clefs à la Porte Jeune, de 1627 à 1630 il fut sexvir de la tribu
des Maréchaux. A cette dernière date, il est mentionné comme décédé.

N° 40

FRANÇOIS STEINBACH, fils de FRANÇOIS, **N° 24**

* avant 1579, à Mulhouse, † en 1618, à Mulhouse

✕ 21 juin 1613, à Mulhouse

VÉRÈNE BAUCK, * . . . ., † . . . .

Sans Enfants.

Notes. — François Steinbach résidait à Mulhouse. Il fut zunfimestre de 1608 à 1618, qui est sans doute l'année de son décès.

————

N° 41

JEAN STEINBACH, fils de FRANÇOIS, **N° 24**

* 5 août 1582, à Mulhouse, † 5 mai 1666, à Mulhouse

✕ 8 janv. 1609, à Mulhouse

I. ANNE ECK, * à Bâle, † vers 1635;

✕ 28 nov. 1636, à Mulhouse

II. ANNE GROSHEINTZ, * avant 1579, † . . . .,
veuve de GEORGES SCHLUMBERGER, conseiller, fille de JEAN GROSHEINTZ, cordier, et de MADELEINE BRUNTZ.

I. Enfants :

1. MARIE, * 23 sept. 1610, † avant 1611.

— 34 —

JEAN STEINBACH (N° 41), BOURGMESTRE

Fac-similé du tableau armorié de l'Hôtel de ville de Mulhouse

2. Marie, * 17 nov. 1611, † janv. 1660,
> ✕ . . . . , I. Jean-Michel Wolff;
> ✕ 4 févr. 1636, II. Henri Schoen, tonnelier, veuf de Catherine
> Goetz († avant 1636), * 4 mars 1607, † 14 janv. 1675, de
> Jacques Schoen, boursier, et de Wibrand Roppolt.

3. Madeleine, * 25 déc. 1613, † . . . .

4. François, * 24 avril 1616, † . . . .

5. Anne, * 19 oct. 1617, † 6 août 1693 (veuve),
> ✕ vers 1640,   I. Henri Rupp, * 15 avril 1604, † avant 1653, de
> Luc Rupp, de Holzen (Bade) et de Brigide Schoen;
> ✕ 14 févr. 1653, II. Étienne Claude, de Lixheim.

6. Jean, **N° 53,** * 10 oct. 1619, † en 1663,
> ✕ 9 juin 1642, Sarah Heinrich, * . . . . , † . . . .

7. Jacques, **N° 54,** * 7 juill. 1622, † en 1663,
> ✕ 3 déc. 1649, A.-Marie Bonenstengel, * 17 mars 1730, † . . . .

8. Marguerite, * 21 déc. 1625, † en 1667,
> ✕ 21 oct. 1650, I. Jean Ehrsam, zunftmestre des Bouchers, † avant
> 1662;
> ✕ 17 mars 1662, II. Christophe Zetter, pelletier, * 31 oct. 1630,
> † 7 févr. 1691, de Jean Zetter, verrier, et de Barbe Bonen-
> stengel.

II. Sans Enfants.

Notes. — Jean Steinbach, sellier, fut reçu bourgeois le 9 janv. 1609, le 14 du même mois, à la tribu des Bouchers, et, le 16 janv. 1617, à la tribu des Vignerons. *Sechser* de 1618 à 1619, zunftmestre de 1620 à 1632, conseiller de 1633 à 1661, baumestre de 1633 à 1639, trésorier de 1643 à 1661, il fut nommé bourgmestre en 1662. Il fut aussi, à diverses reprises, inspecteur de la viande et du poisson.

Reçu, en 1623, à la Société de tir des Arbalétriers. En 1618, il exerça les fonctions de garde-vignes.

Le chroniqueur Mieg donne, t. II, p. 225, son épitaphe existant jadis au cimetière des Franciscains :

> *Hier ruht vor Allem Ungemach*
> *Der Alte Hr. Burgermeister Hanns Steinbach,*
> *Hat erlitten viel Angst, Noth und Gefahr,*
> *Dennoch erlebt 84 Jahr.*

N° 42

JEAN-JACQUES STEINBACH, fils d'ADAM, N° 26

* 28 févr. 1602, à Illzach, † en 1651, à Illzach

✕ 29 sept. 1623, à Illzach

I. DOROTHÉE HARTMANN, * 1er déc. 1588, † vers 1649,
    fille de WERLIN HARTMANN et de MARGUERITE RICHART et
    veuve de JEAN BÜRLIN;

✕ 20 déc. 1649, à Illzach

II. ANNE TRITSCH, * . . . . , † . . . . ,
    veuve d'ANTOINE WEBER, † 1648.

I. Enfants :

1. BARBE, * 27 juin 1624, † . . . .

2. ADAM, * 12 août 1627, † avant 1650.

II. Enfant :

3. ADAM, **N° 55**, * 27 oct. 1650, † . . . .
    ✕ 25 août 1684, I. ANNE-MARIE SCHÄRER, * 3 août 1662, † avant
        1694;
    ✕ 11. oct. 1694, II. MARIE LEIB UND GUTH, * . . . . , † . . . .

Notes. — JEAN-JACQUES STEINBACH résidait à Illzach, où il exerçait les fonctions de *Meyer* de 1633 à 1651.

Sa veuve, ANNE TRITSCH, se remaria, le 28 févr. 1653, avec RODOLPHE HAUSER, de Münchenbuchsée (canton de Berne) et, le 12 nov. 1665, avec GASPARD SCHMIDT, un veuf, échevin à Illzach.

N° 43

PIERRE STEINBACH, fils d'ADAM, **N° 26**

* 12 sept. 1604, à Illzach, † ...., à Mulhouse

× avant 1634

MADELEINE SCHEUER, * avant 1615, † ....,
fille de JEAN-JACQUES SCHEUER et d'URSULE HÜGELIN.

Enfant :

1. ANNE, * 2 mars 1634, à Mulhouse, † ....

Notes. — PIERRE STEINBACH se fixa à Mulhouse, où il fut reçu, le 7 févr. 1638, bourgeois-manant.

N° 44

ANTOINE STEINBACH, fils d'ANTOINE, **N° 27**

* 15 juin 1600, à Illzach, † avant 1641, à Illzach

× 6 mai 1624, à Illzach

ANNE SCHMID, * 12 mars 1603, † 10 mai 1665,
fille de CONRAD SCHMID et de MARGUERITE SCHROTTER.

Enfants :

1. ANTOINE, * 17 oct. 1624, † ....
2. JEAN-ULRIC, **N° 56**, * 8 mars 1627, † avant 1666,
    × vers 1654, ELISABETH KRÄMER, * 22 juill. 1627, † ....
3. ANNE, * 19 avril 1629, † ....

Notes. — ANTOINE STEINBACH résidait à Illzach. Sa veuve se remaria, le 1er mai 1641, avec MELCHIOR BRÜCHLIN, d'Illzach.

N° 45

JEAN STEINBACH, fils d'Antoine, N° 27

* 24 avril 1603, à Illzach, † vers 1656

✕ 15 janv. 1627, à Illzach

BARBE WEBER, * 22 févr. 1607, † vers 1684,
fille d'Ulin Weber et de Madeleine Zürcher.

Enfants :

1. Jean, * 22 mai 1628, † avant 1630.

2. Jean, **N° 57**, * 12 sept. 1630, † en 1675,
    ✕ 7 oct. 1653, Marie Krämer, * 3 févr. 1633, † . . . .

3. Thiébaut, * 12 août 1632, † . . . .

4. Madeleine, * 23 juill. 1634, à Mulhouse, † . . . .

5. Conrad, **N° 58**, * 13 févr. 1639, † en 1694,
    ✕ 10 oct. 1663, Marie Leib und Guth, * . . . . , † . . . .

Notes. — Jean Steinbach résidait à Illzach, mais dut aussi se réfugier à Mulhouse pendant la guerre de Trente ans, avec les autres habitants du village. Il devint ensuite échevin de son village. Sa veuve se remaria, le 25 juin 1657, avec Jean Benker, agriculteur, de Mulhouse, qui devint aussi échevin à Illzach.

N° 46

ÉTIENNE STEINBACH, fils d'ANTOINE, N° 27

* 11 oct. 1607, à Illzach, † 13 oct. 1671, à Illzach

× 15 sept. 1630, à Illzach

I. BARBE WEBER, * 14 févr. 1591, † 1ᵉʳ janv. 1657,
fille de JEAN WEBER, *Meyer* d'Illzach, et d'ELISABETH
ZÜRCHER;

× 1ᵉʳ juin 1657, à Illzach

II. BARBE BÜRGIN, de Lupsingen (canton de Berne).

I. Sans Enfants.

II. Enfants :

1. ANNE, * 29 août 1658, † 1ᵉʳ déc. 1718, à Mulhouse (avant lui),
× vers 1695-97, GUILLAUME WERNER, * . . . ., † . . . .

2. MARIE, * 2 sept. 1660, † 19 févr. 1714,
× 9 juin 1684, JACQUES LISCHER, de Mulhouse, * . . . ., † . . . .

Notes. — ÉTIENNE STEINBACH résidait à Illzach. Sa veuve se remaria, le 24 janv. 1676, avec JEAN MEYER, veuf d'ÈVE LEÜTIN, de Lützenflüh (canton de Berne).

N° 47

SAMUEL STEINBACH, fils d'ARNOLD, N° 28

* 17 oct. 1619, à Illzach, † en 1675, à Illzach

⨯ 7 févr. 1642, à Illzach

I. MARIE GEIGER, * 20 mars 1619, à Mulhouse, † avant 1666,
fille de BALTHASAR GEIGER et d'ANNE HARTMANN ;

⨯ 26 févr. 1666, à Illzach

II. ELISABETH KRÄMER, * 22 juill. 1627, † . . . . ,
fille de JEAN KRÄMER et de VÉRÈNE WEBER et veuve de
JEAN-ULRIC STEINBACH (**N° 56**).

I. Enfants :

1. MARIE, * 27 nov. 1642, † . . . . ,
⨯ 11 août 1662, JEAN-GASPARD BAER, * 16 janv. 1642, † . . . . ,
de JEAN BAER et d'ANNE DANNER.

2. PIERRE, **N° 59,** * 10 nov. 1644, † après 1699,
⨯ 26 août 1667, ANNE WEHRLIN, * 25 avril 1641, † . . . .

3. ELISABETH, * 6 sept. 1646, † 14 févr. 1696,
⨯ 13 mai 1667, à Mulhouse, I. LOUIS STAMM, † avant 1676, de
Mulhouse ;
⨯ 1er sept. 1678, II. JEAN-JACQUES MEYER, † 8 déc. 1697.

4. ANNE, * 18 févr. 1649, † . . . .

5. CATHERINE, * 15 juin 1651, † avant 1680,
⨯ 22 sept. 1673, I. JACQUES FLACHMÜLLER, de Küssnacht (canton de
Zurich);
⨯ 13 déc. 1675, II. ABRAHAM WEBER, * 17 déc. 1648, d'ABRAHAM
WEBER et d'AGNÈS STEINBACH (**N° 35,** § 7).

6. SAMUEL, **N° 60,** * 10 août 1656, † . . . . ,
⨯ 16 oct. 1676, CATHERINE HAUSER, * 24 avril 1653, † . . . .

II. Enfant :

7. ARNOLD, **N° 61,** * 22 mai 1670, † en 1754,
⨯ 20 nov. 1693, ANNE WEHRLIN, * 22 déc. 1671, † en 1758.

Notes. — SAMUEL STEINBACH résidait à Illzach, où il fut échevin dès 1666.

N° 48

JEAN-JACQUES STEINBACH, fils de PIERRE, N° 29

* 14 juill. 1611, à Illzach, † . . . . (Palatinat)

╳ vers 1636, à Mulhouse

ANNE BEFFORT, * 11 mai 1608, à Mulhouse, † . . . . (Palatinat),
fille de Jean Beffort et d'Anne Altmann.

Enfants :

1. Anne, * 16 avril 1637, à Mulhouse, † . . . .

2. Jacques, * 28 juin 1638, à Mulhouse, † avant 1640.

3. Jacques, * 5 févr. 1640, à Mulhouse, † . . . .

4. Jean, * 23 janv. 1642, † . . . .

5. Frédéric, * 14 sept. 1645, à Illzach, † . . . .

Notes. — Jean-Jacques Steinbach résida d'abord à Mulhouse, puis à Illzach. Le 27 févr. 1650, il prit son congé et partit pour le Palatinat, avec femme et enfants.

— 41 —

N° 49

GASPARD STEINBACH, fils de MARTIN, N° 31

* 11 mai 1595, à Illzach, † . . . .

✕ 26 janv. 1618, à Illzach

MADELEINE HÜGELIN, * . . . . , † . . . .

Enfants :

1. CLAIRE-ANNE, * 17 janv. 1619, † . . . .

2. BARBE-MARGUERITE, * 27 août 1620, † . . . .

3. JEAN-HENRI, * 21 juill. 1621, † . . . .

4. ELISABETH, * 1er févr. 1624, † . . . .

5. MARIE-CLÉOPHÉE, * 17 sept. 1626, † . . . .

6. NICOLAS, * 21 juin 1629, † . . . .

Notes. — GASPARD STEINBACH résidait à Illzach.

N° 50

JEAN-ULRIC STEINBACH, fils de MARTIN, N° 31
* 18 mars 1599, à Illzach, † . . . .

✕ en nov. 1623, à Illzach

I. JULIE HEITZ, * à Dambach, † avant 1629;

✕ 28 sept. 1629, à Illzach

II. URSULE HÜGELIN, * . . . ., † . . . .,
veuve de JEAN-JACQUES SCHEUER (v. **N° 43**).

I. Enfant :

1. JEAN-ULRIC, * 11 déc. 1625, † . . . . . .

II. Sans Enfants.

Notes. — JEAN-ULRIC STEINBACH résidait à Illzach.

N° 51

JEAN-CONRAD STEINBACH, fils d'ADAM, N° 33

* 13 janv. 1605, à Illzach, † 4 août 1672, à Illzach

✕ vers 1630,

CATHERINE DANNER, * 17 juin 1610, † 6 févr. 1664,
fille de JEAN DANNER et d'ELISE HÄGELER.

Enfants :

1. BARBE, * 9 oct. 1631, à Illzach, † . . . .

2. ANTOINE, * 10 févr. 1633, à Mulhouse, † . . . .

3. CATHERINE, * 10 août 1645, à Illzach, † . . . .

4. MARIE, * 29 avril 1649, à Mulhouse, † avant 1680,
   ✕ 19 sept. 1670, à Illzach, CHRÉTIEN RUPP, de Stäffisburg (canton de
   Berne). Il se remaria, le 10 oct. 1680, avec BARBE REIFF, d'Ober-
   pipp (canton de Berne).

5. JEAN-GEORGES, N° 62, * 10 août 1651, † . . . .
   ✕ vers 1673, BARBE WAGNER, * . . . ., † . . . .

Notes. — JEAN-CONRAD STEINBACH résidait à Illzach, mais dut se réfugier à Mulhouse,
à deux reprises, pendant la guerre de Trente ans, comme d'ailleurs tous les habitants d'Illzach.

Nº 52

THIÉBAUT STEINBACH, fils de MICHEL, Nº 39

* 25 oct. 1615, à Mulhouse, † en 1667, à Mulhouse

✕ vers 1638, à Mulhouse

BARBE WOLFF, * 6 juin 1613, † 18 avril 1686,
fille de JEAN WOLFF et de MADELEINE KESSLER.

Enfants :

1. JEAN-MICHEL, * 19 mai 1639, † avant 1642.

2. ANNE, * 1ᵉʳ juill. 1640, † . . . .

3. JEAN-MICHEL, **Nº 63**, * 11 mai 1642, † 20 oct. 1716,
    ✕ 30 janv. 1665, I. ANNE-MARIE BRUN, * à Bâle, † avant 1676 ;
    ✕ 10 avril 1676, II. VÉRONIQUE GRAF, * 3 juin 1655, † 2 sept.
    1731.

4. CATHERINE, * 28 févr. 1644, † 14 avril 1697,
    ✕ 29 janv. 1666, I. JEAN-THIÉBAUT NUFER, hôtelier de la *Demi-Lune*,
    * 11 août 1639, † 17 oct. 1681, de MATHIEU NUFER, zunft-
    mestre, et d'ELISABETH SCHAMSER ;
    ✕ 15 mai 1682, II. JEAN-JACQUES BLECH, hôtelier de la *Demi-Lune*,
    * 5 mars 1654, † 28 août 1726, de MATHIEU BLECH, tonnelier,
    et de WYBRAND WAGNER.

5. JEAN-THIÉBAUT, * 25 oct. 1646, † . . . .

6. BARBE, * 7 juin 1648, † . . . .

7. JEAN-MARTIN, **Nº 64**, * 29 sept. 1650, † 3 mars 1712,
    ✕ 19 août 1678, ROSINE FEER, * 19 sept. 1655, † . . . .

Notes. — THIÉBAUT STEINBACH, armurier, à Mulhouse, fut admis à la tribu des Tailleurs en 1638, le 14 sept. 1651, à celle des Boulangers, et, le 17 fév. 1653, à celle des Agriculteurs. Il fut reçu bourgeois en 1645, et devint, à un moment donné, hôtelier de la *Demi-Lune*. Il figure aussi parmi les membres de la Société de tir à l'Arbalète, reçu en 1649, sur le rôle de laquelle son décès est mentionné.

En 1644, il remplit les fonctions de garde-clefs à la porte de Bâle.

Il demeurait, au début, dans une maison de la place des Victoires, qu'il avait achetée en 1641.

— 45 —

N° 53

JEAN STEINBACH, fils de JEAN, N° 41

* 10 oct. 1619, à Mulhouse, † en 1663, à Mulhouse

✕ 9 juin 1642, à Mulhouse

SARAH HEINRICH, * . . . . , † . . . . ,
fille de JACQUES HEINRICH et de SARAH WEISS.

Enfants :

1. JEAN-JACQUES, * 17 févr. 1643, † avant 1650.

2. ANNE, * 28 févr. 1644, † en 1742,
    ✕ 23 nov. 1685, LAURENT HEILMANN, sellier, * 12 oct. 1645,
    † 5 mai 1719, de MARTIN HEILMANN, conseiller, et de MAR-
    GUERITE ZÜRCHER, veuf d'ANNE FEER.

3. CATHERINE, * 22 juin 1645, † . . . .

4. MARGUERITE, * 23 août 1646, † 24 mai 1729 (veuve),
    ✕ 16 mars 1663, NICOLAS WEISS, sellier, * 15 nov. 1635, † . . . . ,
    de JEAN WEISS, sellier et conseiller, et d'ANNE ARLENSPACH.

5. JEAN, * 31 oct. 1647, † avant 1652.

6. JEAN-JACQUES, * 28 juill. 1650, † . . . .

7. JEAN, * 5 mai 1652, † . . . .

Notes. — JEAN STEINBACH, sellier, à Mulhouse, fut admis à la tribu des Bouchers le 24 oct. 1641, et reçu bourgeois le 13 sept. 1642. Il fut aussi membre de la Société de Tir à l'Arbalète, dont le rôle donne la date de son décès. En 1645 et 1646, il exerça les fonctions de garde-clefs à la porte de Bâle.

— 46 —

$$N^o\ 54$$

JACQUES STEINBACH, fils de JEAN, N° 41

* 7 juill. 1622, à Mulhouse, † en 1663, à Mulhouse

✕ 3 déc. 1649, à Mulhouse

A.-MARIE BONENSTENGEL, * 17 mars 1730, † . . . .,
fille de JEAN-ULRIC BONENSTENGEL et de MARGUERITE GUTH.

Enfants :

1. JEAN-ULRIC, * 23 oct. 1650, † . . . . . .

2. MADELEINE, * 2 mars 1653, † . . . .,
✕ 12 févr. 1672, JEAN-RODOLPHE ABDORF.

3. JEAN, * 10 déc. 1654, † . . . . . .

4. ANNE, * 20 nov. 1659, † 6 janv. 1742, célibataire.

5. JEAN-JACQUES, * 23 août 1663, † . . . .

Notes. — JACQUES STEINBACH, orfèvre, à Mulhouse, fut reçu à la tribu des Tailleurs en 1658, et admis à la bourgeoisie le 3 déc. 1649.

N° 55

ADAM STEINBACH, fils de JEAN-JACQUES, N° 42

* 27 oct. 1650, à Illzach, † . . . .

╳ 25 août 1684, à Illzach

I. ANNE-MARIE SCHÄRER, * 3 août 1662, † avant 1694, à Illzach,
   fille d'ULRIC SCHÄRER et de CATHERINE GEYELIN ;

╳ 11 oct. 1694, à Illzach

II. MARIE LEIB UND GUTH, * . . . . , † . . . . ,
   fille de JEAN LEIB UND GUTH, de Melchnau ou Langenthal,
   résidant successivement à Heimsbrunn, puis à Niedermorschwiller, et de CATHERINE SCHULTHEIS, veuve de
   CONRAD STEINBACH (N° 58).

I. Enfants :

1. CATHERINE, * 3 juill. 1685, † en 1753,
   ╳ 23 mars 1705, SAMUEL STEINBACH (N° 71).

2. ANNE, * 10 oct. 1686, † 31 oct. 1726, à Mulhouse,
   ╳ 2 oct. 1706, à Mulhouse, HEINRICH BOLLY, de Grüningen (canton
   de Zurich), † après elle.

3. JEAN-JACQUES, * 21 janv. 1688, † . . . .

4. ANNE-MARIE, * 1er avril 1689, † . . . .
   ╳ 26 août 1715, CONRAD WEBER, le jeune.

5. ADAM, * 11 août 1691, † . . . .

6. ELISABETH, * 10 avril 1693, † en 1765 (veuve),
   ╳ 5 mars 1714, FRÉDÉRIC WEHRLIN, le jeune, * 12 janv. 1692,
   † . . . . , de FRÉDÉRIC WEHRLIN et d'ANNE GEYELIN.

II. Sans Enfants.

Notes. — ADAM STEINBACH résidait à Illzach. Le 16 oct. 1698, il fut reçu comme *Hechelmann* à la tribu des Boulangers, de Mulhouse.

— 48 —

N° 56

JEAN-ULRIC STEINBACH, fils d'ANTOINE, N° 44

* 8 mars 1627, à Illzach, † avant 1666, à Illzach

✕ vers 1654, à Illzach

ELISABETH KRÄMER, * 22 juill. 1627, † . . . . ,
fille de JEAN KRÄMER et de VÉRÈNE WEBER.

Enfants :

1. ELISABETH, * 24 juin 1655, † . . . . ,
    ✕ 4 août 1679, JEAN-HENRI GRASSER, de Nidau (canton de Berne).

2. ANNE, * 25 oct. 1657, † en 1742 (veuve),
    ✕ 13 mars 1682, JEAN MESS, le jeune, * . . . . , † . . . . , de
    JEAN MESS, de Stäffisburg (Suisse).

3. JEAN, N° 65, * 7 oct. 1660, † en 1740,
    ✕ 11 juin 1688, I. ANNE-MARIE EDELMEYER, * . . . . , † avant
    1696 ;
    ✕ 4 oct. 1696, II. ANNE-MARGUERITE BEGIN, * . . . . , † en 1752.

Notes. — JEAN-ULRIC STEINBACH, meunier, résidait à Illzach. Le 15 mars 1659, il prend son congé pour s'établir à Niedermorschwiller, où il avait acheté un moulin, mais il revint ensuite à Illzach.

Sa veuve se remaria, le 26 fév. 1666, avec SAMUEL STEINBACH (N° 47).

N° 57

JEAN STEINBACH, fils de JEAN, N° 45

* 12 sept. 1630, à Illzach, † en 1675, à Illzach

✕ 7 oct. 1653, à Illzach

MARIE KRÄMER, * 3 févr. 1633, † . . . .,
  fille de JEAN KRÄMER et de VÉRÈNE WEBER.

Enfants :

1. BARBE, * 24 oct. 1654, † . . . . . .

2. VÉRÈNE, * 7 mai 1657, † . . . .

3. JEAN, **N° 66,** * 26 févr. 1660, † avant 1753,
    ✕ 30 oct. 1693, SABINE AEGLER, * à Acschi (canton de Berne),
    † en 1753.

4. MARIE, * 26 nov. 1665, † . . . .

5. ULRIC, * 17 janv. 1669, † avant 1672.

6. ULRIC, * 25 févr. 1672, † . . . .

7. THIÉBAUT, **N° 67,** * 22 août 1675, † . . . .,
    ✕ 23 janv. 1702, ANNE RYFF, * 4 mars 1687, † . . . .

Notes. — JEAN STEINBACH résidait à Illzach. Il mourut avant la naissance de son dernier enfant, suivant annotation du registre des baptêmes.

N° 58

CONRAD STEINBACH, fils de JEAN, N° 45

* 13 févr. 1639, à Mulhouse, † en 1694, à Illzach

✕ 10 oct. 1663, à Illzach

MARIE LEIB UND GUTH, * . . . . , † . . . . ,
fille de JEAN LEIB UND GUTH, originaire de Melchau ou
Langenthal, résidant successivement à Heimsbrunn, puis
à Niedermorschwiller, et de CATHERINE SCHULTHEISS.

Sans Enfants.

Notes. — CONRAD STEINBACH résidait à Illzach. Il est né à Mulhouse lors des exodes des habitants du village, pendant la guerre de Trente ans. Le 25 fév. 1694, malade, il fait son testament en faveur de sa femme, et meurt peu après.

Sa veuve se remaria, le 11 oct. 1694, avec ADAM STEINBACH (**N° 55**).

PIERRE STEINBACH, fils de SAMUEL, N° 47

* 10 nov. 1644, à Illzach, † après 1699, à Illzach

╳ 26 août 1667, à Illzach

ANNE WEHRLIN, * 25 avril 1641, † . . . . ,
fille de MARTIN WEHRLIN et d'ANNE DIEBOLD.

Enfants :

1. BARBE, * 2 août 1668, † . . . . ,
    ╳ 14 oct. 1689, NICOLAS SCHÄRER, * 1er févr. 1657, † . . . . ,
    d'ULRIC SCHÄRER et de CATHERINE GEYELIN.

2. FRÉDÉRIC, * 12 déc. 1669, † . . . .

3. PIERRE, N° 68, * 28 juill. 1672, † . . . . ,
    ╳ 22 avril 1695, BARBE LEIB UND GUTH, * 10 déc. 1676, † . . . .

4. ANNE, * 16 déc. 1674, † avant 1684.

5. MARTIN, * 23 avril 1676, † avant 1678.

6. MARTIN, N° 69, * 8 sept. 1678, † en 1753,
    ╳ 13 nov. 1702, I. ELISABETH WEHRLIN, * 13 mars 1679, † avant
    1709 ;
    ╳ 25 févr. 1709, II. MARGUERITE LANDSMANN, * 12 juill. 1676,
    † . . . .

7. SAMUEL, N° 70, * 16 janv. 1681, † 26 juin 1737,
    ╳ 24 nov. 1704, BARBE WEHRLIN, * 18 févr. 1673, † . . . .

8. ANNE, * 30 janv. 1684, † 27 déc. 1756, à Mulhouse,
    ╳ 6 juin 1705, ANTOINE WEBER, * 13 janv. 1678, † avant elle,
    d'ANTOINE WEBER et de CATHERINE SCHOEN.

9. ELISABETH, * 8 oct. 1686, † . . . . ,
    ╳ 26 janv. 1711, à Mulhouse, I. JEAN ILL, * 12 févr. 1688,
    † 17 sept. 1716, fils de JEAN-GEORGES ILL, et de CATHERINE
    WAGNER ;
    ╳ 6 déc. 1717, à Mulhouse, II. JACQUES WETTSTEIN, de Russikon
    (canton de Zurich).

Notes. — PIERRE STEINBACH, cuvelier, résidait à Illzach, où il fut d'abord *Kirchwart,*
échevin, et enfin trésorier. *Meyer* de 1711 à 1718, année de son décès sans doute.
Il fut admis, le 28 juin 1668, à la tribu des Maréchaux, de Mulhouse.

N° 60

SAMUEL STEINBACH, fils de SAMUEL, N° 47

* 10 août 1656, à Illzach, † . . . ., à Illzach

✕ 16 oct. 1676, à Illzach

CATHERINE HAUSER, * 24 avril 1653, † . . . .,
fille de RUDOLPHE HAUSER et d'ANNE TRITSCHER.

Enfants :

1. ADAM, * 26 août 1677, † . . . .

2. SAMUEL, **N° 71**, * 15 févr. 1680, † 26 juin 1737,
   ✕ 23 mars 1705, CATHERINE STEINBACH (**N° 55**), * 3 juill. 1685,
   † en 1753.

3. PIERRE, **N° 72**, * 16 juin 1684, † en 1743,
   ✕ 3 juin 1709, ANNE-CATHERINE ZÜRCHER, * 4 août 1690, † . . . .

4. CATHERINE, * 4 avril 1689, † en 1774 (veuve),
   ✕ 4 sept. 1710, JEAN-BERNARD ZÜRCHER, tricoteur de chausses,
   * 19 janv. 1687, † . . . ., de MARTIN ZÜRCHER et d'ANNE
   SCHÄRER.

Notes. — SAMUEL STEINBACH, cuvelier, résidait à Illzach, où il est cité comme *Kirch-wart* en 1680. Il fut admis, le 20 mai 1677, à la tribu des Maréchaux, de Mulhouse.

ARNOLD STEINBACH, fils de SAMUEL, N° 47

* 22 mai 1670, à Illzach, † en 1754, à Illzach,

× 20 nov. 1693, à Illzach

ANNE WEHRLIN, * 22 déc. 1671, † en 1758, à Illzach,
fille de FRÉDÉRIC WEHRLIN et d'ANNE GEYELIN.

Enfants :

1. FRÉDÉRIC, N° 73, * 14 avril 1695, † en 1753,
    × 5 août 1720, ANNE-MARIE PERSOHN, * 4 juin 1699, † en 1760.

2. ARNOLD, N° 74, * 26 déc. 1697, † . . . . ,
    × 28 déc. 1718, ANNE-MARIE LEIB UND GUTH, * 31 juill. 1698,
    † . . . .

3. ANNE, * 13 oct. 1700, † en 1753 (avant),
    × 20 oct. 1711, I. JEAN-JACQUES WEBER, * 27 déc. 1696, † . . . . ,
    de CONRAD WEBER et de CATHERINE MEYER ;
    × 16 déc. 1726, II. JEAN KELLENBERGER, * 3 avril 1707, † . . . . ,
    de JEAN-ULRIC KELLENBERGER et d'ANNE SEILER.

4. ELISABETH, * 9 avril 1702, † 12 déc. 1783, à Mulhouse,
    × 25 sept. 1757, MARTIN KOHLER, veuf d'ELISABETH RACK et de
    MARGUERITE VICENTZ, * 10 mai 1703, † 23 avril 1774, de
    JACQUES KELLER, tricoteur de chausses, et d'ANNE GRYNÄUS.

5. CATHERINE, * 11 nov. 1708, † 9 janv. 1789, à Illzach (veuve),
    × vers 1735, JEAN STERN, * 11 nov. 1708, † . . . . , de JEAN
    STERN et de MADELEINE WEHRLIN.

Notes. — ARNOLD STEINBACH résidait à Illzach.

N° 62

JEAN-GEORGES STEINBACH, fils de JEAN-CONRAD, N° 51

* 10 août 1651, à Illzach, † ...., à Illzach

✕ vers 1673

BARBE WAGNER, * ...., † ....

Enfant :

1. ANNE-MARIE, * 1ᵉʳ mars 1674, † ....

Notes. — JEAN-GEORGES STEINBACH résidait à Illzach. En 1672, il achète des biens et le 29 mai 1675, il est admis à la tribu des Tailleurs, de Mulhouse.

N° 63

JEAN-MICHEL STEINBACH, fils de THIÉBAUT, N° 52

* 11 mai 1642, à Mulhouse, † 20 oct. 1716, à Mulhouse

✕ 30 janv. 1665, à Mulhouse

I. ANNE-MARIE BRUN, * à Bâle, † avant 1676, à Mulhouse ;

✕ 10 avril 1676, à Mulhouse

II. VÉRONIQUE GRAF, * 3 juin 1655, † 2 sept. 1731,
   fille d'ÉLIE GRAF, boucher, de Munster (Alsace), et de
   MARGUERITE WÜST.

I. Enfants :

1. JEAN-MICHEL, * 15 oct. 1665, † avant 1679.
2. THIÉBAUT, * 25 sept. 1667, † avant 1681.
3. ANNE-MARIE, * 18 août 1669, † 30 nov. 1681.
4. EMMANUEL, * 21 mai 1671, † ....
5. ANNE-BARBE, * 27 avril 1673, † ....,
   ✕ 3 juin 1695, DANIEL ERMENDINGER, * 28 avril 1672, † 22 sept.
   1738, de MICHEL ERMENDINGER et d'URSULE FREYTAG.

II. Enfants :

6. A.-MARGUERITE, ✶ 10 août 1677, † 31 juill. 1727,
      ╳ 27 mars 1698, GASPARD FRANCK, le jeune, ✶ 1ᵉʳ janv. 1672,
          † ...., de GASPARD FRANCK et de BARBE SCHLUMBERGER.

7. JEAN-MICHEL, **N° 75**, ✶ 12 févr. 1679, † 11 juill. 1732,
      ╳ 30 juin 1704, MADELEINE SCHOEN, ✶ 26 mars 1684, † 1ᵉʳ déc. 1755.

8. ÉLIE, ✶ 14 juill. 1680; le 31 sept. 1731, il est déclaré mort depuis
      lóngtemps et ses frères l'héritent.

9. THIÉBAUT, **N° 76**, ✶ 22 oct. 1681, † 25 juin 1740,
      ╳ 20 juin 1717, I. ANNE HARTMANN, ✶ 11 mars 1685, † 22 oct.
      1721;
      ╳ 11 mai 1722, II. A.-CATHERINE FRÖLICH, ✶ 9 mai 1697, † ......

10. JEAN-GEORGES, ✶ 31 janv. 1683, † ....

11. CATHERINE, ✶ 9 mars 1684, † 14 mars 1684.

12. MARTIN, **N° 77**, ✶ 22 mars 1685, † 24 sept. 1749,
      ╳ 25 juill. 1707, MADELEINE CLAUDE, ✶ 26 févr. 1688, † 8 févr.
      1771.

13. PIERRE, **N° 78**, ✶ 9. janv. 1687, † après 1761,
      ╳ 1ᵉʳ mars 1717, JUDITH HOFFMANN, ✶ 11 oct. 1696, † 9 avril 1761.

14. MARTHE, ✶ 5 sept. 1688, † après 1731,
      ╳ ...., à Sainte-Marie-aux-Mines, N....... N.......

15. ANNE, ✶ 8 janv. 1690, † 22 déc. 1766,
      ╳ 27 févr. 1713, PIERRE HARTMANN, ✶ 29 août 1687, † 26 mai
      1721, d'ANTOINE HARTMANN et d'ELISABETH GROSHEINTZ.

16. VÉRONIQUE, ✶ 2 mars 1692, † à Sainte-Marie-aux-Mines, après 1731,
      ╳ 17 févr. 1716, I. JEAN BRUSTLEIN, ✶ 2 sept. 1688, † 21 août 1721,
          de MATHIEU BRUSTLEIN, cordonnier, et d'ELISABETH WAGNER;
      ╳ 5 juin 1724, à Illzach, II. JEAN-JUSTE ILLGES, de Trarbach.

17. JEAN-HENRI, ✶ 3 déc. 1693, † 3 déc. 1693.

18. CATHERINE, ✶ 19 janv. 1696, † 26 févr. 1721,
      ╳ 2 déc. 1715, JEAN-MICHEL RACK, ✶ 20 août 1693, † 4 févr. 1731,
          de JEAN RACK et de JUDITH FRANCK.

Notes. — JEAN-MICHEL STEINBACH, tricoteur de chausses, puis hôtelier de l'*Ange*, fut
reçu bourgeois de Mulhouse le jour de son mariage et admis, successivement, en 1664, à la
tribu des Tailleurs, le 9 févr. 1682, à celle des Boulangers et, le 25 janv. 1683, à celle des
Agriculteurs. Sexvir de 1691 à 1707, zunftmestre de 1708 à 1713 et conseiller de 1714 à 1716.
Il fut, de 1708 à 1715, surveillant des pâtres, inspecteur du poisson en 1714 et inspecteur du
pain en 1715. Membre de la Société de tir à l'Arbalète.

N° 64

JEAN-MARTIN STEINBACH, fils de THIÉBAUT, N° 52

* 29 sept. 1650, à Mulhouse, † 3 mars 1712, à Mulhouse

✕ 19 août 1678, à Mulhouse

ROSINE FEER, * 19 sept. 1655, † 17 oct. 1711,
fille de JEAN-HENRI FEER et de BARBE ERHARD.

Enfants :

1. JEAN-THIÉBAUT, * 30 avril 1679, † . . . .

2. MARTIN, **N° 79**, * 11 juill. 1680, † 5 févr. 1733,
✕ 28 avril 1704, MARGUERITE FRIES, * 16 mars 1684, † 6 mars 1757.

3. BARBE, * 11 déc. 1681, 23 juill. 1723,
✕ 4 oct. 1722, à Illzach, JEAN FEER, * 1er oct. 1693, † en 1756,
fils de JEAN FEER et de MARGUERITE MEISCH.

4. ROSINE, * 1er avril 1685, † 24 août 1700.

5. JEAN-GEORGES, * 6 mai 1688, † 22 déc. 1690.

6. ELISABETH, * 1er juin 1691, † 24 août 1753,
✕ 31 août 1722, DANIEL HÜBNER, * 5 juin 1692, † 26 juin 1756,
tisseur de lin, fils de DANIEL HÜBNER et de SUZANNE DAHINTEN.

7. ANNE-CATHERINE, * 24 sept. 1693, † 4 août 1754 (avant),
✕ 9 déc. 1726, JEAN BIRR, gardier de la porte de Bâle, * 22. janv 1693,
† 5 mai 1768, fils de JEAN BIRR et de CATHERINE STISSY.

8. JEAN-GEORGES, **N° 80**, * 29 mars 1696, † 23 sept. 1731,
✕ 8 sept. 1721, I. MARIE-MARGUERITE HENRIC-PETRI, * 20 oct. 1690,
† 26 fév. 1761 ;
✕ 22 juin 1722, II. MARGUERITE MINDER, * à Bâle, † après lui.

Notes. — JEAN-MARTIN STEINBACH, de Mulhouse, fut reçu bourgeois de la ville le jour de son mariage et à la tribu des Tailleurs le 20 oct. 1678. Il fut sexvir de la tribu des Tailleurs de 1691 à son décès.

En 1688, il exerça les fonctions de garde-vignes et, en 1705, il fut nommé *Wachtmeister* et chef de section de la milice du premier quartier de la ville.

JEAN STEINBACH, fils de JEAN-ULRIC, Nº 56

*** 7 oct. 1660, à Illzach, † en 1740, à Illzach**

✕ 11 juin 1688, à Mulhouse

I. ANNE-MARIE EDELMEYER, * ...., † avant 1696;

✕ 4 oct. 1696

II. A.-MARGUERITE BEGIN, * ...., † en 1752, à Illzach,
fille de JEAN BEGIN et d'ANNE HUGUENIN.

I. Enfants :

1. ELISABETH, * 2 juin 1689, † avant 1692.

2. ELISABETH, * 12 juill. 1692, † en 1765 (veuve),
 ✕ 5 mars 1714, FRÉDÉRIC WEHRLIN, * 12 janv. 1692, † ......,
 de FRÉDÉRIC WEHRLIN et d'ANNE GEYELIN.

3. JEAN, * 8 oct. 1693, † avant 1699.

II. Enfants.

4. JACQUES, * 28 nov. 1697, † après 1740.

5. JEAN, **Nº 81**, * 16 avril 1699, † en 1772,
 ✕ vers 1718, I. MADELEINE WEHRLIN, * 16 juill. 1682, † avant
  1721;
 ✕ 30 janv. 1721, II. BARBE WEHRLIN, 15 janv. 1699, † ....

6. JEAN-ULRIC **Nº 82**, * 5 juin 1701, † en 1766,
 ✕ 4 déc. 1731, I. ANNE-BARBE GEYELIN, * 2 mars 1704, † avant
  1744;
 ✕ vers 1744, II. ANNE-MADELEINE BAER, * 16 juill. 1709, † avant
  1754;
 ✕ 24 juin 1754, III. ELISABETH HAESSLER, * 26 mai 1699, † en 1765.

Notes. — JEAN STEINBACH résidait à Illzach, où il fut successivement échevin, puis
Meyer de 1719 à 1740. L'inventaire de sa succession, daté du 3 août 1740, existe aux archives
de Mulhouse. Il était détenteur de l'emphytéose du couvent d'Engelporten, qui passa après lui
à son fils JEAN-ULRIC STEINBACH (**Nº 82**).

N° 66

JEAN STEINBACH, fils de JEAN, N° 57

* 26 févr. 1660, à Illzach, † avant 1753, à Illzach

✕ 30 oct. 1693, à Illzach

SABINE AEGLER, * à Aeschi (canton de Berne), † en 1753, à
Illzach,
fille de N..... AEGLER, laitier, à Richwiller.

Enfants :

1. JEAN, * 26 août 1694, † avant 1699.

2. THIÉBAUT, * 7 sept. 1695, † ....

3. ANNE, * 14 févr. 1697, † avant 1703.

4. JEAN, N° 83, * 5 févr. 1699, † 25 déc. 1771,
✕ 4 juin 1725, I. BARBE HIRN, * 17 déc. 1702, † en 1761 ;
✕ après 1761, II. ANNE-MARIE BAER, * 2 sept. 1713, † 28 mars
1794.

5. ANNE, * 17 mai 1703, † en 1777, à Illzach (avant lui),
✕ 10 juin 1720, ULRIC WEHRLIN, cordonnier, * 19 sept. 1697, de
PIERRE WEHRLIN et d'ELISABETH GEYELIN.

6. JEAN-ULRIC, N° 84, * 20 janv. 1709, † après 1760,
✕ vers 1739, ANNE STEINBACH (N° 74), * 26 nov. 1719, † en 1760.

Notes. — JEAN STEINBACH résidait à Illzach.

N° 67

THIÉBAUT STEINBACH, fils de JEAN, N° 57

* 22 août 1675, à Illzach, † . . . .

✕ 23 janv. 1702, à Illzach

ANNE RYFF, * 4 mars 1687, † . . . . ,
fille de CHRÉTIEN RYFF, d'Ober-Pipp (canton de Berne), et
d'ANNE WIDMER, de Hedwig (canton de Zurich).

Enfants :

1. JEAN, * 10 sept. 1702, † avant 1711.
2. MARIE, * 19 sept. 1706, † . . . .
3. THIÉBAUT, N° 85, * 27 mai 1708, † en 1769,
   ✕ vers 1732, ELISABETH ZÜRCHER, * 24 déc. 1713, † en 1762.
4. JEAN, N° 86, * 18 janv. 1711, † après 1784,
   ✕ vers 1735, ANNE STEINBACH (N° 71), * 20 sept. 1711, † en 1784.

Notes. — THIÉBAUT STEINBACH résidait à Illzach.

N° 68

PIERRE STEINBACH, fils de PIERRE, N° 59

* 28 juill. 1672, à Illzach, † . . . . , à Illzach

✕ 22 avril 1695, à Illzach

BARBE LEIB UND GUTH, * 10 déc. 1676, † . . . . ,
fille d'ULRIC LEIB UND GUTH et de VÉRÈNE RYFF.

Enfant :

1. PIERRE, N° 87, * 23 févr. 1696, † en 1751,
   ✕ 8 janv. 1719, MARIE-CLÉOPHÉE VOGEL, * 16 juin 1700, † . . . .

Notes. — PIERRE STEINBACH, tonnelier, à Illzach, fut reçu, le 31 févr. 1694, à la tribu
des Maréchaux, de Mulhouse.

MARTIN STEINBACH, fils de PIERRE, N° 59

* 8 sept. 1678, à Illzach, † en 1753, à Illzach

✕ 13 nov. 1702, à Illzach

I. ELISABETH WEHRLIN, * 13 mars 1679, † avant 1709,
fille de PIERRE WEHRLIN et d'ELISABETH GEYELIN;

✕ 25 févr. 1709, à Mulhouse

II. MARGUERITE LANDSMANN, * 12 juillet 1676, à Mulhouse,
† . . . ., à Illzach,
fille de JEAN-ULRIC LANDSMANN et de BARBE ERLIN.

I. Enfants :

1. PIERRE, * 9 sept. 1703, † . . . .

2. ELISABETH, * 29 mars 1705, † en 1753,
✕ 25 févr. 1726, CONRAD WEBER, le jeune, tailleur, * 14 déc. 1704,
† . . . ., de JEAN WEBER et d'ELISABETH REINHARD.

3. ANNE, * 16 janv. 1707, † . . . .

4. CATHERINE, * 9 sept. 1708, † 9 oct. 1785, à Mulhouse (veuve),
✕ vers 1740, JACQUES KELLENBERGER, * 8 oct. 1699, † . . . .,
d'ULRIC KELLENBERGER et d'ANNE NIFENECKER, veuf de JUDITH ERNÉ.

II. Enfants :

5. BARBE, * 7 juin 1711, † 24 déc. 1786,
✕ 2 juill. 1736, JACQUES STEGMANN, * 23 déc. 1714, † 24 mai 1792,
fils de PIERRE STEGMANN, *Ackermeister* à l'hospice, et de VÉRÈNE
MÜLLIMANN.

6. MARTIN, N° 88, * 24 nov. 1715, † . . . .,
✕ avant 1746, ANNE-CATHERINE VOGEL, * 11 janv. 1720, † . . . .

Notes. — MARTIN STEINBACH, cuvelier, résidait à Illzach. Il fut reçu, le 25 févr. 1706,
à la tribu des Maréchaux, de Mulhouse.

N° 70

SAMUEL STEINBACH, fils de PIERRE, N° 59

* 16 janv. 1681, à Illzach, † 26 juin 1737, à Mulhouse,

✕ 24 nov. 1704, à Illzach

BARBE WEHRLIN, * 18 févr. 1673, † . . . .,
  fille de PIERRE WEHRLIN et d'ELISABETH GEYELIN.

Enfants :

1. CATHERINE, * 14 nov. 1706, † 6 avril 1790, à Mulhouse (veuve),
     ✕ 11 nov. 1726, JEAN NIFENECKER, * 7 juin 1705, † . . . .,
        de JEAN-ULRIC NIFENECKER et d'ELISABETH MEYER.

2. ANNE, * 11 nov. 1708, † . . . .

3. ELISABETH, * 30 mars 1710, † 13 juill. 1791,
     ✕ vers 1745, ALEXANDRE MINDER, * 29 déc. 1708, † . . . ., fils
        de REGNARD MINDER, le jeune, et de BARBE ZÜRCHER.

4. SAMUEL, * 16 août 1711, † . . . .

5. BARBE, * 12 nov. 1713, † . . . .

6. PIERRE, N° 89, * 30 mai 1715, † 1ᵉʳ mai 1748,
     ✕ 17 févr. 1738, MARGUERITE AMSLER, * 10 juin 1714, † 6 mai
        1794.

7. FRÉDÉRIC, N° 90, * 11 déc. 1718, † 23 nov. 1776,
     ✕ vers 1750, SUSANNE RÜDI, * en juin 1720, † 12 nov. 1782.

Notes. — SAMUEL STEINBACH résidait à Illzach. Il fut reçu membre de la tribu des
Tailleurs, de Mulhouse, le 24 août 1705.

———

— 62 —

N° 71

SAMUEL STEINBACH, fils de SAMUEL, **N° 60**

* 15 févr. 1680, à Illzach, † 26 juin 1737, à Mulhouse

× 23 mars 1705, à Illzach

CATHERINE STEINBACH, * 3 juill. 1685, † en 1753,
fille d'ADAM STEINBACH (**N° 55**) et d'ANNE-MARIE SCHÄRER.

Enfants :

1. ANNE-CATHERINE, * 28 mars 1706, † . . . . ,
    × vers 1739, GASPARD KELLENBERGER, * 8 oct. 1699, † . . . . ,
        d'ULRIC KELLENBERGER et d'ANNE NIFENECKER.

2. ANNE-MARIE, * 24 juill. 1707, † . . . .

3. PIERRE, **N° 91**, * 18 août 1709, † en 1747,
    × vers 1733, MARGUERITE MULLER, * 8 févr. 1711, † . . . .

4. ANNE, * 20 sept. 1711, † en 1784,
    × vers 1735, JEAN STEINBACH (**N° 86**).

5. ELISABETH, * 3 déc. 1713, † . . . . ,
    × vers 1741, JEAN SEILER, * 22 juin 1721, † . . . . , de JEAN
        SEILER et de BARBE MINDER.

6. BARBE, * 1er mars 1716, † . . . .

7. CLÉOPHÉE, * 11 sept. 1718, † . . . .

8. ADAM, * 31 août 1721, † . . . .

9. URSULE, * 19 déc. 1723, † 6 prairial an X (veuve),
    × vers 1752, JEAN-ULRIC SCHEIDECKER, * 4 mars 1725, † . . . . ,
        de PHILIPPE SCHEIDECKER et d'ANNE FARSCHON.

Notes. — SAMUEL STEINBACH, tisseur de laine à Illzach.

N° 72

PIERRE STEINBACH, fils de SAMUEL, N° 60

* 16 juin 1684, à Illzach, † en 1743, à Illzach

✕ 3 juin 1709, à Illzach

ANNE-CATHERINE ZÜRCHER, * 4 août 1690, † . . . . ,
fille de MARTIN ZÜRCHER et d'ANNE SCHÄRER.

Enfants :

1. ANNE-CATHERINE, * 2 mars 1710, † avant 1714.

2. MARTIN, **N° 92**, * 24 mai 1711, † en 1763,
    ✕ vers 1734, BARBE SEILER, * 28 févr. 1712, † en 1768.

3. ANNE-CATHERINE, * 27 mai 1714, † en 1776,
    ✕ vers 1735, JEAN BAER, * 20 sept. 1711, † . . . ., de GASPARD
    BAER et d'ANNE-MARIE KAMMERER.

4. ADAM, **N° 93**, * 30 mai 1717, † en 1773,
    ✕ vers 1738, JULIE GRASSER, * 13 juin 1717, † 11 juill. 1795.

5. LUC, **N° 94**, * 1er/6 mai 1725, † en 1751,
    ✕ vers 1747, ANNE GRASSER, * 23 mars 1721, † . . . . . .

Notes. — PIERRE STEINBACH, cuvelier, résidait à Illzach. Il fut reçu membre de la tribu des Maréchaux, de Mulhouse, le 5 févr. 1711.

N° 73

FRÉDÉRIC STEINBACH, fils d'ARNOLD, N° 61

* 14 avril 1695, à Illzach, † en 1753, à Illzach

✕ 5 août 1720, à Illzach

ANNE-MARIE PERSOHN, * 4 juin 1699, † en 1760, à Illzach,
fille de FRANÇOIS PERSOHN et d'ANNE REINHART.

Enfants :

1. ANNE-MARIE, * 11 oct. 1722, † 3 pluviôse an X,
   ✕ vers 1743, I. GASPARD BAER, le jeune, * 17 oct. 1718, † avant 1786,
   de GASPARD BAER et d'ANNE-MARIE KAMMERER ;
   ✕ ...., II. JEAN-JACQUES WALTER, * 6 août 1719, † avant 1786,
   de BENOIT WALTER et de BARBE VOGEL.

2. FRÉDÉRIC, **N° 95**, * 4 mars 1725, † 25 germinal an XI,
   ✕ vers 1760, ELISABETH GOETZ, * 22 juin 1727, † 27 avril 1790.

3. ARNOLD, **N° 96**, * 1ᵉʳ juin 1727, † avant 1786,
   ✕ vers 1754, ELISABETH FARSCHON, * 18 févr. 1733, † 4 déc. 1818.

4. ANNE, * 31 juill. 1729, † 11 juill. 1818,
   ✕ vers 1761, JEAN SEILER, * 6 janv. 1729, † avant 1786, de THIÉ-
   BAUT SEILER et de CATHERINE MEYER.

5. JEAN-HENRI, **N° 97**, * en 1733, † 3 frimaire an XII,
   ✕ vers 1761, CLÉOPHÉE WALTER, * 10 nov. 1742, † avant 1786.

6. JEAN-ULRIC, **N° 98**, * 17 avril 1735, † 6 prairial an X,
   ✕ ...., ANNE-SABINE KELLENBERGER, * 5 oct. 1732, † 6 oct.
   1790.

7. JEAN, * 1ᵉʳ mai 1740, † ......

Notes. — FRÉDÉRIC STEINBACH, cuvelier, résidait à Illzach. Il fut admis, le 17 févr. 1719,
à la tribu des Maréchaux, de Mulhouse.

N° 74

ARNOLD STEINBACH, fils d'ARNOLD, N° 61

* 26 déc. 1697, à Illzach, † avant 1786

✕ 28 déc. 1718, à Illzach

ANNE-MARIE LEIB UND GUTH, * 31 juill. 1698, † avant 1786,
fille de MELCHIOR LEIB UND GUTH et d'ANNE WEBER.

Enfants :

1. ANNE, * 26 nov. 1719, † en 1760,
   ✕ vers 1739, JEAN-ULRIC STEINBACH (**N° 84**).

2. JEAN, * 6 juill. 1725, † · · · · · · ·

3. ANNE-CATHERINE, * 29 oct. 1730, † · · · · · · ·

Notes. — ARNOLD STEINBACH résidait à Illzach.

N° 75

JEAN-MICHEL STEINBACH, fils de JEAN-MICHEL, N° 63
* 12 févr. 1679, à Mulhouse, † 11 juill. 1732, à Mulhouse

✕ 30 juin 1704, à Mulhouse

MADELEINE SCHOEN, * 26 mars 1684, † 1er déc. 1755,
fille de JEAN SCHOEN, mégissier, et d'ANNE-BARBE SCHWARTZ.

Enfants :

1. ELISABETH, * 22 mars 1705, † . . . .

2. MARGUERITE, * 14 août 1707, † . . . .

3. VÉRONIQUE, * 21 sept. 1710, † 18 déc. 1736, célibataire.

4. ANNE-BARBE, * 10 sept. 1713, † 7 sept. 1736, célibataire.

5. ANNE-CATHERINE, * 20 mai 1717, † 17 nov. 1718.

6. JEAN-BERNARD, N° 99, * 14 mars 1720, † 28 brumaire an VIII,
✕ vers 1750, ANNE-MARGUERITE PFORRIUS, * . . . ., † avant 1790.

Notes. — JEAN-MICHEL STEINBACH fut reçu bourgeois de Mulhouse le jour de son mariage et admis, le 21 sept. 1704, à la tribu des Tailleurs.

N° 76

THIÉBAUT STEINBACH, fils de JEAN-MICHEL, N° 63

* 22 oct. 1681, à Mulhouse, † 25 juin 1740, à Mulhouse

✕ 20 juin 1717, à Illzach

I. ANNE HARTMANN, * 11 mars 1685, † 22 oct. 1721, à Mulhouse,
      fille de Louis Hartmann, cordonnier, et d'Anne Schlum-
berger ;
        ✕ 11 mai 1722, à Mulhouse

II. ANNE-CATHERINE FRÖLICH, * 9 mai 1697, † . . . . ,
      fille de Jean-Jacques Frölich et de Barbe Stäblin.

I. Enfants :

1. Jean-Michel, * 14 avril 1719, † 9 mai 1719.

2. Élie, * 13 oct. 1721, † 18 août 1722.

II. Enfants :

3. Jean-Henri, * 7 mars 1723, † 15 janv. 1724.

4. Jean-Jacques, * 19 mars 1724, † 30 juill. 1727.

5. Catherine, * 9 févr. 1727, † 15 juill. 1727.

6. Jean-Michel, N° 100, * 23 mai 1728, † en 1756,
      ✕ 2 juill. 1753, Anne-Marie Schaub, * . . . . , † 22 avril 1756.

7. Marguerite, * 26 juin 1729, † 23 mars 1797,
      ✕ . . . . , Jacques Vogtenberger, tailleur, de Müllheim (Bade),
      * en 1760, † 30 juill. 1791.

8. Catherine, * 29 août 1731, † 20 avril 1735.

9. Anne-Barbe, * 11 oct. 1733, † 17 mai 1737.

10. Thiébaut, * 12 avril 1739, † . . . .

Notes. — Thiébaut Steinbach, pelletier (?), fut admis à la tribu des Agriculteurs le 14 nov. 1717, et à celle des Tailleurs le 5 févr. 1719. Il fut reçu bourgeois le 16 sept. 1721. En 1725, il exerça les fonctions de garde-vignes.

— 68 —

N° 77

MARTIN STEINBACH, fils de JEAN-MICHEL, N° 63

✳ 22 mars 1685, à Mulhouse, † 24 sept. 1749, à Mulhouse

✕ 25 juill. 1707, à Mulhouse

MADELEINE CLAUDE, ✳ 26 févr. 1688, † 8 févr. 1771,
fille de DAVID CLAUDE et de CATHERINE HEILMANN.

Enfants :

1. MARIE-MADELEINE, ✳ 21 oct. 1708, † 9 août 1778, célibataire.

2. JEAN-MICHEL, ✳ 15 mars 1711, † 1er déc. 1718.

3. CATHERINE, ✳ 25 juin 1713, † 11 mai 1792, célibataire.

4. VÉRONIQUE, ✳ 23 févr. 1716, † . . . .

5. MARTIN, ✳ 19 mai 1718, † 27 juill. 1718.

6. DAVID, ✳ 8 oct. 1719, † 21 mars 1722.

7. MARGUERITE, ✳ 26 avril 1722, † 26 août 1809, à Mulhouse,
   ✕ 26 sept. 1746, JEAN-JACQUES STIEFFEL, ✳ 19 janv. 1716, † 21 mars
   1781, de JEAN STIEFFEL et d'ANNE SCHLUMBERGER.

8. ANNE-MARIE, ✳ 13 mai 1725, † 17 mars 1750, célibataire.

9. ELISABETH, ✳ 7 août 1729, † 9 juin 1736.

Notes. — MARTIN STEINBACH fut admis à la bourgeoisie le jour de son mariage et reçu
à la tribu des Tailleurs le 1er nov. 1707. Il demeurait dans l'impasse du Bœuf.

N° 78

PIERRE STEINBACH, fils de JEAN-MICHEL, N° 63
* 9 janv. 1687, à Mulhouse, † après 1761

✕ 1ᵉʳ mars 1717, à Mulhouse

JUDITH HOFFMANN, * 11 oct. 1696, † 9 avril 1761,
fille de SALOMON HOFFMANN et de JUDITH JUNGHAEN.

Enfants :

1. JUDITH, * 31 oct. 1717, † 23 nov. 1718.

2. JEAN-MICHEL, N° 101, * 27 nov. 1718, † 29 août 1779,
    ✕ 9 nov. 1750, I. MARGUERITE MARTIN, * 24 oct. 1724, † 27 janv.
    1761 ;
    ✕ 2 déc. 1761, II. SALOMÉ LOESCHER, * de 1732/1738, † 5 déc.
    1792.

3. VÉRONIQUE, * 22 déc. 1720, † 24 juill. 1792, célibataire, à la suite
    d'une chute malheureuse.

Notes. — PIERRE STEINBACH, de Mulhouse, fut admis au droit de bourgeois le jour de son mariage, et à la tribu des Tailleurs le 23 mars 1717. En 1731, il est cité comme ayant une vigne au Mittelberg.

MARTIN STEINBACH, fils de JEAN-MARTIN, N° 64

* 11 juill. 1680, à Mulhouse, † 5 févr. 1733, à Mulhouse

✕ 28 avril 1704, à Mulhouse

MARGUERITE FRIES, * 16 mars 1684, † 6 mars 1757,
fille de PHILIPPE-JACQUES FRIES, bourgmestre, et d'ANNE-MARIE CORNETZ.

Enfants :

1. ROSINE, * 1ᵉʳ mars 1705, † 21 nov. 1790,
✕ 4 févr. 1726, JACQUES ZIEGLER, boucher, * 19 mai 1700, † 20 oct. 1782, de JEAN-JACQUES ZIEGLER, boucher, et d'ELISABETH ECK.

2. ANNE-MARIE, * 15 août 1706, † 24 sept. 1786,
✕ 19 janv. 1739, PIERRE HARTMANN, tisseur de laine, * 15 janv. 1712, † 21 déc. 1761, de PIERRE HARTMANN et d'ANNE STEINBACH (N° 63, § 15).

3. JEAN-HENRI, N° 102, * 5 avril 1708, † 22 févr. 1764,
✕ 5 nov. 1736, ANNE ORTH, * 30 mars 1710, † 26 juill. 1781.

4. PHILIPPE-JACQUES, N° 103, * 8 déc. 1709, † 10 déc. 1757,
✕ 22 juill. 1737, CATHERINE THIERRY, * 10 mai 1716, † 23 avril 1774.

5. MARTIN, * 2 août 1711, † 14 nov. 1711.

6. MARTIN, * 15 janv. 1713, † 13 juill. 1716.

7. JEAN-JACQUES, * 23 mai 1715, † 13 juill. 1716.

8. MARTIN, * 28 nov. 1717, † 27 juill. 1718.

9. JEAN, N° 104, * 23 juill. 1719, † en 1776,
✕ 18 mars 1743, A.-CATHERINE STUMM, * 21 janv. 1720, † 9 mars 1808.

10. MARTIN, N° 105, * 7 nov. 1721, † 24 févr. 1774,
✕ 24 oct. 1746, I. ELISABETH STIEFFEL, * 23 avril 1719, † 19 févr. 1772 ;
✕ 23 juin 1772, II. ROSINE HOLTZSCHUH, * 15 juin 1727, † 9 janv. 1791.

11. Marguerite, * 16 janv. 1724, † 11 juin 1790,
     ✕ 25 avril 1746, Philippe-Jacques Stieffel, *Zeugmacher* et voiturier,
        * 13 déc. 1722, † 20 janv. 1790, à Riedisheim, de Jean-Gaspard Stieffel et de Cléophée Schoening.

12. Cléophée, * 7 mars 1726, † 7 févr. 1785,
     ✕ 16 janv. 1747, I. Jean-Jacques Eck, cloutier, * 8 avril 1725,
        † 25 juin 1753, de Jean Eck, cloutier, et d'Anne-Barbe Moser ;
     ✕ 23 sept. 1754, II. Tobie Steffan, tisseur de laine, * 25 déc.
        1727, † 30 juill. 1761, fils de Jean-Henri Steffan, boulanger,
        et d'Anne-Catherine Engelmann ;
     ✕ 16 janv. 1771, III. Jacques Landolt, * 29 sept. 1737, à Illzach,
        † 22 déc. 1772, à Mulhouse, de Jean-Jacques Landolt, graveur,
        et d'Elisabeth Persohn ;
     ✕ 23 août 1773, IV. Antoine Baumgartner, * 21 janv. 1720,
        † 9 févr. 1795, veuf de Marie-Madeleine Fibich († 11 oct.
        1766), et fils de Jean-Jacques Baumgartner et d'Anne-Catherine Hartmann.

13. Salomé, * 18 sept. 1732, † 11 mai 1774,
     ✕ 1er août 1757, Jean-Georges Ammann, tisseur de laine, * 1er août
        1728, † 1er avril 1776, de Jean-Georges Ammann et de Salomé
        Stissy.

Notes. — Martin Steinbach fut reçu bourgeois le jour de son mariage et admis, le 24 juill. 1704, à la tribu des Tailleurs.

N° 80

JEAN-GEORGES STEINBACH, fils de JEAN-MARTIN, N° 64

* 29 mars 1696, à Mulhouse, † 23 sept. 1731, à Mulhouse

✕ 8 sept. 1721, à Mulhouse

I. MARIE-MARGUERITE HENRIC-PETRI, * 20 oct. 1690, à Colmar,
    † 26 févr. 1761,
    fille de GEORGES HENRIC-PETRI et d'A.-MARGUERITE WETZEL;

✕ 22 juin 1722, à Mulhouse

II. MARGUERITE MINDER, * . . . ., à Bâle, † aprés 1731, sans
    doute à Bâle.

Sans Enfants.

Notes. — JEAN-GEORGES STEINBACH, de Mulhouse, fut reçu bourgeois le jour de son mariage et admis, le 30 juin 1721, à la tribu des Tailleurs. A la date du 9 avril 1722, le divorce du premier mariage fut prononcé par le tribunal matrimonial de Mulhouse, sur la plainte du mari. En effet, sa première femme était déjà enceinte des œuvres d'un autre, lors de leur mariage, et accoucha au bout de quatre mois.

N° 81

JEAN STEINBACH, fils de JEAN, N° 65

* 16 avril 1699, à Illzach, † en 1772, à Illzach

✕ vers 1718, à Illzach

I. MADELEINE WEHRLIN, * 16 juill. 1682, † avant 1721,
fille de Frédéric Wehrlin et d'Anne Geyelin;

✕ 30 janv. 1721, à Illzach

II. BARBE WEHRLIN, * 15 janv. 1699, † avant 1786,
fille de Balthasar Wehrlin et de Barbe Sali.

I. Enfant:

1. Regnard, * 22 janv. 1719, † . . . .

II. Enfants:

2. Jean-Conrad, N° **106**, * 12 août 1725, † en 1764,
✕ 27 nov. 1752, I. Anne-Madeleine Studer, * mars 1721,
† 16 déc. 1758;
✕ après 1758, II. Catherine Seiler, * 21 nov. 1723, † 17 oct.
1796.

3. Anne-Marie, * 5 oct. 1727, † . . . .

4. Jean, N° **107**, * 7 août 1735, † 12 mars 1798,
✕ vers 1760, Elisabeth Baer, * 12 août 1736, † 1er juill. 1792.

Notes. — Jean Steinbach, agriculteur, résidait à Illzach, où il fut *Meyer* de 1771 à 1772.

N° 82

JEAN-ULRIC STEINBACH, fils de JEAN, N° 65

* 5 juin 1701, à Illzach, † en 1766, à Illzach

✕ 4 déc. 1731, à Illzach

I. ANNE-BARBE GEYELIN, * 2 mars 1704, † avant 1744,
fille de Nicolas Geyelin et d'Anne-Madeleine Sifferlin;

✕ vers 1744, à Illzach

II. ANNE-MADELEINE BAER, * 16 juill. 1709, † avant 1754,
fille de Martin Baer, le jeune, et d'Anne-Marie Sifferlin;

✕ 24 juin 1754, à Mulhouse

III. Elisabeth Haessler, * 26 mai 1699, à Mulhouse, † en 1765,
à Illzach,
fille de Jean-Thiébaut Haessler et de Catherine Schlumberger.

I. Enfants :

1. Jean-Ulric, N° 108, * 10 août 1732, † avant 1786,
✕ vers 1759, Anne-Elisabeth Steinbach (N° 85), * 25 juill. 1735,
† avant 1786.

2. Thiébaut, N° 109, * 22 août 1734, † avant 1786,
✕ vers 1762, Elisabeth Walter, * 21 juill. 1737, † 2 mars 1813.

II. Enfant :

3. Michel, * 12 août 1745, † avant 1786.

III. Sans Enfants.

Notes. — Jean-Ulric Steinbach, l'aîné, résidait à Illzach. Il fut investi, après son
père, de l'emphytéose du couvent d'Engelporten.

— 75 —

N° 83

JEAN STEINBACH, fils de JEAN, N° 66

* 5 févr. 1699, à Illzach, † 25 déc. 1771, à Mulhouse

× 4 juin 1725, à Kleinhüningen (Bade)

I. BARBE HIRN, * 17 déc. 1702, à Mulhouse, † en 1761, à Illzach,
fille d'ABRAHAM HIRN et de JUDITH HENRIC-PETRI;

× après 1761, à Illzach

II. ANNE-MARIE BAER, * 2 sept. 1713, † 28 mars 1794,
veuve d'ADAM VOGEL, fille de GASPARD BAER et d'ANNE-
MARIE KAMMERER.

Enfants :

1. JEAN, **N° 110**, * 4 nov. 1725, † 28 nov. 1809,
   × 11 mars 1754, JUDITH SCHLUMBERGER, * 19 oct. 1732, † 3 nov.
   1816.

2. ANNE-MARGUERITE, * 20 mars 1729, † . . . .

3. PIERRE, **N° 111**, * 13 juin 1734, † 25 frimaire an VIII,
   × vers 1761, ELISABETH REINHARDT, * 16 nov. 1740, † 19 avril
   1818.

Notes. — JEAN STEINBACH, maréchal-ferrant, à Illzach, fut admis, le 25 févr. 1725, à la tribu des Maréchaux, de Mulhouse.

Il était sacristain *(Kirmeyer)*, puis trésorier (1766), enfin maire à Illzach.

N° 84

JEAN-ULRIC STEINBACH, fils de JEAN, N° 66

* 20 janv. 1709, à Illzach, † après 1760, à Illzach

× vers 1739, à Illzach

ANNE STEINBACH, * 26 nov. 1719, † en 1760, à Illzach,
   fille d'ARNOLD STEINBACH (N° 74) et d'ANNE-MARIE LEIB
   UND GUTH.

Enfant :

1. THIÉBAUT, N° 112, * 4 mars 1740, † 7 frimaire an XIII,
     × vers 1761, I. CATHERINE NIFENECKER, * en 1738, † avant 1775;
     × vers 1774, II. ANNE-BARBE BAER, * 11 nov. 1754, † 28 bru-
       maire an XIII.

Notes. — JEAN-ULRIC STEINBACH, agriculteur, à Illzach.

N° 85

THIÉBAUT STEINBACH, fils de THIÉBAUT, N° 67

* 27 mai 1708, à Illzach, † en 1769, à Illzach

× vers 1732, à Illzach

ELISABETH ZÜRCHER, * 24 déc. 1713, † en 1762, à Illzach,
   fille de BALTHASAR ZÜRCHER et d'ELISABETH HILDBRUNNER.

Enfants :

1. THIÉBAUT, * 4 juill. 1734, † . . . .
2. ANNE-ELISABETH, * 25 juill. 1735, † avant 1786,
     × vers 1759, JEAN-ULRIC STEINBACH (N° 108).
3. ANNE-BARBE, * 22 avril 1739, † en 1769,
     × vers 1759, JEAN-ULRIC STEINBACH (N° 115).
4. JEAN-ULRIC, N° 113, * 19 janv. 1742, † avant 1826,
     × vers 1762, ELISABETH NIFENECKER, * 23 juin 1738, † 25 plu-
       viôse an X.

Notes. — THIÉBAUT STEINBACH, tisseur de lin, à Illzach, fut admis, le 21 déc. 1732, à
la tribu des Tailleurs, de Mulhouse.

JEAN STEINBACH, fils de THIÉBAUT, N° 67

* 18 janv. 1711, à Illzach, † après 1784

✕ vers 1735, à Illzach

ANNE STEINBACH, * 20 sept. 1711, † en 1784,
fille de SAMUEL STEINBACH (N° 71) et de CATHERINE
STEINBACH.

Enfants :

1. ANNE, * 4 nov. 1736, † 7 frimaire an XIV,
    ✕ vers 1756, NICOLAS WEBER, tisseur de lin, * 1er juill. 1731,
    † 28 oct. 1810, de CONRAD WEBER et de BARBE VOGEL.

2. ANNE-MARIE, * 8 nov. 1741, † 28 oct. 1814,
    ✕ vers 1762, BENOÎT WALTER, * 3 mai 1733, † 13 août 1807, de
    JEAN-JACQUES WALTER et d'ELISABETH WEHRLIN.

3. ANNE-ELISABETH, * 13 mars 1747, † . . . .

Notes. — JEAN STEINBACH, tisseur de lin, à Illzach, fut admis, le 27 févr. 1736, à la
tribu des Tailleurs, de Mulhouse.

PIERRE STEINBACH, fils de PIERRE, N° 68

* 23 févr. 1696, à Illzach, † en 1751, à Illzach

✕ 8 janv. 1719, à Illzach

MARIE-CLÉOPHÉE VOGEL, * 16 juin 1700, † avant 1786,
fille de JEAN VOGEL et de BARBE VOGT.

Enfants :

1. BARBE, * 16 juin 1720, † avant 1724.

2. CLÉOPHÉE, * 5 avril 1722, † avant 1728.

3. BARBE, * 23 avril 1724, † . . . .

4. PIERRE, N° 114, * 21 juill. 1726, † en 1781,
   ✕ vers 1750, ELISABETH DE BIHL, * oct. 1716, † 28 août 1790.

5. CLÉOPHÉE, * 10 oct. 1728, † en 1760,
   ✕ vers 1754, PIERRE MÜLLER, * 17 juill. 1729, † avant 1786, de
   PIERRE MÜLLER et de DOROTHÉE WEBER.

6. ELISABETH, * 8 juill. 1731, † . . . .
   ✕ 19 janv. 1750, JEAN-JACQUES SCHOEN, boulanger, à Mulhouse,
   * 28 avril 1726, † 13 janv. 1757, de JEAN-JACQUES SCHOEN et
   d'ANNE-CATHERINE SISSON.

7. JEAN, * 12 juill. 1733, † . . . .

8. JEAN-JACQUES, * 18 sept. 1735, † . . . .

9. JEAN-ULRIC, N° 115, * 7 juill. 1737, † en 1785,
   ✕ vers 1759, I. ANNE-BARBE STEINBACH (N° 85), * 22 avril 1739,
   † en 1769 ;
   ✕ vers 1770, II. ANNE-BARBE STERN, * 18 janv. 1748, † 7 déc. 1807.

Notes. — PIERRE STEINBACH, tonnelier, à Illzach, fut admis, le 17 févr. 1719, à la tribu
des Maréchaux, de Mulhouse.

N° 88

MARTIN STEINBACH, fils de MARTIN, N° 69

* 24 nov. 1715, à Illzach, † avant 1786

✕ avant 1746, à Illzach

ANNE-CATHERINE VOGEL, * 11 janv. 1720, † avant 1786,
fille de JEAN VOGEL et de BARBE SISSON.

Enfants :

1. ANNE-BARBE, * 7 avril 1746, † 21 avril 1825, à Mulhouse,
✕ avant 1768, NICOLAS KAMMERER, * 12 janv. 1746, † 11 août
1809, de CHRÉTIEN KAMMERER et de BARBE ECK.

2. JEAN-JACQUES, * 4 févr. 1748, † . . . .

3. ANNE-CATHERINE, * 27 mai 1750, † 20 déc. 1832, à Mulhouse,
✕ 5 août 1778, JEAN BIMBY, de Mulhouse, * en 1753, † 10 avril
1795, à Mulhouse.

Notes. — MARTIN STEINBACH, maréchal-ferrant, à Illzach, fut admis, le 13 nov. 1746, à
la tribu des Maréchaux, de Mulhouse, et, le 13 juin 1752, à celle des Agriculteurs.

N° 89

PIERRE STEINBACH, fils de SAMUEL, N° 70

* 30 mai 1715, à Illzach, † 1er mai 1748, à Mulhouse

✕ 17 févr. 1738, à Illzach (inscrit à Mulhouse)

MARGUERITE AMSLER, * 10 juin 1714, à Mulhouse, † 6 mai 1794,
à Mulhouse,
fille de Josué Amsler et de Marguerite Rübli.

Enfants (nés à Mulhouse) :

1. Marguerite, * 28 déc. 1738, † 7 févr. 1739.

2. Pierre, **N° 116**, * 29 mai 1740, † 5 mai 1808,
   ✕ 22 févr. 1762, I. Ursule Kuhm, * ...., † .... ;
   ✕ 27 juin 1764, II. Cléophée Ziegler, * 9 août 1725, † 17 févr.
   1797.

3. Anne-Marguerite, * 17 févr. 1743, † 2 juin 1785, à Mulhouse,
   ✕ 23 janv. 1766, à Mulhouse, Luc Clemann, d'Illzach, * 12 août
   1746, † avant 1785, de Gaspard Clemann et d'Anne Christen.

4. Josué, **N° 117**, * 29 oct. 1747, † 18 juin 1826,
   ✕ 16 févr. 1767, Anne-Catherine Frey, * 12 mars 1747, † 22 févr.
   1843.

Notes. — Pierre Steinbach, originaire d'Illzach, s'établit à Mulhouse, où il fit souche.
Il y fut reçu bourgeois-protégé le 11 févr. 1739.

Nº 90

FRÉDÉRIC STEINBACH, fils de SAMUEL, Nº 70

* 11 déc. 1718, à Illzach, † 23 nov. 1776, à Mulhouse

× vers 1750

SUSANNE RÜDI, * en juin 1720, † 12 nov. 1782, à Mulhouse,
fille de SÉBASTIEN RÜDI et de BARBE STREICHENBERGER.

Enfants :

1. FRÉDÉRIC, **Nº 118**, * 5 sept. 1751, † 19 déc. 1821,
   × 16 janv. 1771, ELISABETH AEGLER, * 25 déc. 1753, † après 1821.
2. SAMUEL, **Nº 119**, * 10 févr. 1760, † 9 août 1827, à Cernay,
   × 30 avril 1783, MARGUERITE AEGLER, * 23 avril 1758, † . . . .

Notes. — FRÉDÉRIC STEINBACH, dessinateur, originaire d'Illzach, s'établit à Mulhouse,
où il fit également souche, comme son frère aîné. Il y obtint, le 21 févr. 1748, le droit de
protection.

Nº 91

PIERRE STEINBACH, fils de SAMUEL, Nº 71

* 18 août 1709, à Illzach, † en 1747, à Illzach

× vers 1733, à Illzach

MARGUERITE MÜLLER, * 8 févr. 1711, † avant 1786,
fille de CONRAD MÜLLER et d'ANNE KOHLER.

Enfants :

1. ANNE-CATHERINE, * 11 juill. 1734, † en 1789,
   × vers 1761, JEAN-MICHEL HAMM, * . . . ., † avant 1789.
2. PIERRE, **Nº 120**, * 28 oct. 1736, † . . . .,
   × vers 1759, ANNE-CATHERINE MINDER, * 18 janv. 1734, † . . . . . .

Notes. — PIERRE STEINBACH, tisseur de lin, à Illzach, fut admis, le 20 sept. 1733, à la
tribu des Tailleurs, de Mulhouse.
Sa veuve épousa, en secondes noces, en 1748, JEAN MERGY.

N° 92

MARTIN STEINBACH, fils de PIERRE, N° 72

* 24 mai 1711, à Illzach, † en 1763, à Illzach

× vers 1734, à Illzach

BARBE SEILER, * 28 févr. 1712, † en 1768,
fille de JEAN SEILER et de BARBE MINDER.

Enfants :

1. JEAN-MARTIN, * 9 oct. 1735, † . . . . ,

2. CATHERINE, * 1ᵉʳ juill. 1740, † 14 août 1788,
× . . . . , MICHEL KAMMERER, * en 1738, † . . . . , de CHRÉ-
TIEN KAMMERER et d'ANNE-BARBE ECK.

3. URSULE, * 28 janv. 1743, † avant 1745.

4. URSULE, * 1ᵉʳ janv. 1745, † 7 avril 1770, célibataire.

5. LUCAS, N° 121, * 1ᵉʳ oct. 1747, † 27 nov. 1827,
× 10 nov. 1773, I. CATHERINE JELENSPERGER, * 27 févr. 1752,
† 26 mai 1786;
× 9 janv. 1788, II. ANNE-BARBE ABDORFF, * 20 mars 1746,
† 14 janv. 1824.

6. JEAN-JACQUES, * 1ᵉʳ oct. 1747, † . . . .

7. SAMUEL,
8. JEAN-GEORGES, * 27 mai 1752, † . . . . † . . . .

9. JEAN, N° 122, * 10 févr. 1754, † 3 mars 1796,
† 1ᵉʳ juill. 1776, ROSINE RISLER, * 23 mars 1758, † 14 juin 1821.

Notes. — MARTIN STEINBACH, tisseur de lin, à Illzach, fut admis à la tribu des Tailleurs, de Mulhouse, le 20 juin 1734. Il eut deux fois des jumeaux, sur lesquels LUCAS paraît
avoir seul survécu.

N° 93

ADAM STEINBACH, fils de PIERRE, N° 72

* 30 mai 1717, à Illzach, † en 1773, à Illzach

✕ vers 1738, à Illzach

JULIE GRASSER, * 13 juin 1717, † 11 juill. 1795,
fille de JEAN GRASSER et de BARBE KOHLER.

Enfants :

1. CATHERINE, * 19 déc. 1738, † avant 1752.

2. JULIE, * 22 avril 1741, † 15 janv. 1829, à Mulhouse,
    ✕ vers 1765, HENRI KNATZ, tisseur de laine, originaire de Hesse-
    Hombourg, * en 1737, † 9 brumaire an IX, à Mulhouse.

3. ANNE-BARBE, * 7 janv. 1744, † 6 sept. 1817, à Mulhouse,
    ✕ 29 nov. 1769, JONAS BIEHLER, vigneron, à Mulhouse, * 3 mai 1744,
    † 23 prairial an XIII, de JACQUES BIEHLER et de VÉRÈNE BOSSERT.

4. ADAM, N° 123, * 2 sept. 1747, † 16 avril 1824,
    ✕ 15 févr. 1774, ELISABETH LANDSMANN, 28 janv. 1753, † 1er août
    1821.

5. JEAN, * 9 juill. 1750, † avant 1755.

6. ANNE-CATHERINE, * 22 janv. 1752, † 7 févr. 1826,
    ✕ 31 juill. 1786, PIERRE IRING, * 3 sept. 1765, † 12 juill. 1841,
    de PIERRE IRING et d'ANNE-MARIE GLOR.

7. JEAN, N° 124, * 13 mai 1755, † 16 févr. 1817,
    ✕ vers 1786, ANNE-CORNÉLIE GREYER, * en 1768, † 21 nov. 1832.

Notes. — ADAM STEINBACH, cuvelier, résidait à Illzach. Il fut admis, le 19 mai 1740, à
la tribu des Maréchaux, de Mulhouse.

N° 94

LUC STEINBACH, fils de PIERRE, N° 72

* 1er/6 mai 1725, à Illzach, † en 1751, à Illzach

✕ vers 1747, à Illzach

ANNE GRASSER, * 23 mars 1721, † avant 1786,
    fille de HENRI GRASSER, le jeune, et de BARBE WEHRLIN.

Enfants :

1. LUC, * 16 déc. 1748, † . . . . . .

2. ANNE, * 5 mai 1751, † . . . . . .

Notes. — LUC STEINBACH, maréchal-ferrant, à Illzach, fut reçu membre de la tribu des Maréchaux, de Mulhouse, le 29 févr. 1748. Sa veuve épousa, en secondes noces, en 1753, NICOLAS FARSCHON, d'Illzach. Les deux enfants ci-dessus sont, sans doute, morts jeunes.

N° 95

FRÉDÉRIC STEINBACH, fils de FRÉDÉRIC, N° 73

* 4 mars 1725, à Illzach, † 25 germinal an XI, à Illzach

✕ vers 1760, à Illzach

ELISABETH GOETZ, * 22 juin 1727, † 27 avril 1790,
fille de Jean Goetz et de Dorothée Zürcher.

Enfants :

1. Elisabeth, * 18 mai 1761, † . . . .

2. Jean, N° **125**, * 15 juill. 1762, † 5 juill. 1815,
   ✕ 12 nov. 1787, Marie Weber, * 21 août 1762, † . . . .

3. Frédéric, N° **126**, * 5 juin 1766, † 14 déc. 1836,
   ✕ 3 déc. 1787, Anne Walter, * 2 août 1766, † 27 janv. 1815.

4. Jean-Henri, N° **127**, * 26 févr. 1771, † 29 janv. 1848,
   ✕ 18 avril 1796, Suzanne Schoen, * en 1768, † 19 avril 1834.

5. Jean-Ulric, * 26 févr. 1771, † . . . .

Notes. — Frédéric Steinbach, cuvelier, à Illzach, fut admis, le 28 févr. 1760, à la tribu des Maréchaux, de Mulhouse. Ses deux derniers fils furent des jumeaux, dont le plus jeune est sans doute mort en bas âge.

— 86 —

N° 96

ARNOLD STEINBACH, fils de FRÉDÉRIC, N° 73

* 1er juin 1727, à Illzach, † avant 1786

✕ vers 1754, à Illzach

ELISABETH FARSCHON, * 18 févr. 1733, † 4 déc. 1818,
fille de JEAN FARSCHON et d'ELISABETH BAER.

Enfants :

1. ELISABETH, * 23 sept. 1755, † 9 janv. 1814, célibataire.

2. JEAN, N° 128, * 9 déc. 1757, † 7 mars 1837,
   ✕ vers 1781, ANNE-MARIE KELLENBERGER, * 16 févr. 1759,
   † 7 févr. 1829.

3. FRÉDÉRIC, N° 129, * 15 janv. 1762, † 9 sept. 1832,
   ✕ 1er déc. 1794, URSULE GOETZ, * 5 juin 1770, † 29 juin 1824.

4. JEAN-ULRIC, N° 130, * 31 mars 1765, † 2 févr. 1847,
   ✕ 7 nov. 1795, I. ANNE-BARBE MEYER, * 16 déc. 1771, † 18 févr.
   1809 ;
   ✕ 21 mai 1810, II. CATHERINE SCHERRER, * 23 déc. 1767, † 18 déc.
   1847,

5. ANNE, * 20 juill. 1770, † 27 févr. 1823, célibataire, à Mulhouse.

6. ARNOLD, * 11 déc. 1772, † . . . .

7. ANNE-BARBE, * 21 avril 1773, † 7 sept. 1853, célibataire.

Notes. — ARNOLD STEINBACH, tisseur de lin, à Illzach, fut admis, le 27 févr. 1756, à la
tribu des Tailleurs, de Mulhouse.

N° 97

JEAN-HENRI STEINBACH, fils de FRÉDÉRIC, N° 73

* en 1733, à Illzach, † 3 frimaire an XII, à Illzach,

✕ vers 1761, à Illzach

CLÉOPHÉE WALTER, * 10 nov. 1742, † avant 1786,

fille de CONRAD WALTER et d'ELISABETH VOGEL.

Enfants :

1. ANNE-MARIE, * 26 déc. 1762, † 24 mars 1824,
   ✕ 23 oct. 1797, DANIEL KELLENBERGER, boulanger, veuf d'ELISABETH NIFENECKER († 11 sept. 1796), * 8 déc. 1764, † 5 avril 1844, à Mulhouse, de JEAN-ULRIC KELLENBERGER et d'ANNE-BARBE WEBER.

2. CLÉOPHÉE, * 24 janv. 1769, † 2 prairial an XI, célibataire.

3. JEAN-HENRI, N° 131, * 15 sept. 1771, † 21 juill. 1850,
   ✕ 20 févr. 1797, ELISABETH HARTMANN, * ...., † ....

4. ANNE-BARBE, * 27 oct. 1775, † 12 janv. 1836,
   ✕ 16 ventôse an XIII, ALEXANDRE NIFENECKER, tisserand, * 1ᵉʳ août 1785, † 31 août 1848, d'ALEXANDRE NIFENECKER et de BARBE PERSOHN.

Notes. — JEAN-HENRI STEINBACH, cuvelier, à Illzach, fut admis, le 10 oct. 1762, à la tribu des Maréchaux, de Mulhouse.

N° 98

JEAN-ULRIC STEINBACH, fils de FRÉDÉRIC, N° 73

* 17 avril 1735, à Illzach, † 6 prairial an X, à Illzach

✕ ...., à Illzach

ANNE-SABINE KELLENBERGER, * 5 oct. 1732, † 6 oct. 1790,

fille de GASPARD KELLENBERGER et de JUDITH ERNÉ.

Sans Enfants.

Notes. — JEAN-ULRIC STEINBACH, tonnelier, à Illzach, fut admis, le 25 oct. 1770, à la tribu des Maréchaux, de Mulhouse.

— 88 —

N° 99

JEAN-BERNARD STEINBACH, fils de JEAN-MICHEL, N° 75

* 14 mars 1720, à Mulhouse, † 28 brumaire an VIII, à Mulhouse

✕ vers 1750, à Neu-Saarwerden [1]

ANNE-MARGUERITE PFORRIUS, * ...., à Neu-Saarwerden,
† avant 1790, à Neu-Saarwerden.

Enfants (nés à Neu-Saarwerden) :

1. GEORGES-DANIEL, N° 132, * ...., † ....,
   ✕ en 1787, MARIE GRANT, * ...., à Londres, † ......

2. MARIE-SALOMÉ, * 1ᵉʳ avril 1756, † 21 janv. 1846, à Mulhouse,
   ✕ 8 mars 1790, JEAN-GASPARD GILG, cordonnier et appariteur de la
   Justice de paix, * 1ᵉʳ déc. 1765, † 9 mars 1829, de JEAN GILG
   et d'ANNE-SABINE KELLER.

3. LOUISE-CHARLOTTE, * 22 déc. 1758, † 26 janv. 1844, à Mulhouse,
   ✕ 10 prairial an VIII, JEAN-JACQUES DIETSCH, peignier, 37 ans, veuf
   d'ELISABETH CHRISTEN, * 19 déc. 1762, † 25 avril 1809, de
   JACQUES DIETSCH et d'URSULE STEINER.

Notes. — JEAN-BERNARD STEINBACH, boutonnier, quitta Mulhouse et s'établit à Neu-Saarwerden (Nassau), où il se maria. Le 28 avril 1749, il se fit délivrer son certificat de bourgeoisie. A la date du 16 août 1769, il obtint le droit de bourgeoisie pour sa femme. Le 20 déc. 1782, le droit de bourgeoisie de Mulhouse lui est continué, ainsi qu'à ses enfants, à condition qu'il acquitte les taxes échues s'élevant à 168 livres, plus 50 florins d'intérêts. Il revint plus tard avec ses enfants à Mulhouse.

---

[1] Forme, depuis 1793, avec Bockenheim, la ville de Saarunion.

N° 100

JEAN-MICHEL STEINBACH, fils de THIÉBAUT, N° 76

* 23 mai 1728, à Mulhouse, † en 1756, à Mulhouse

✕ 2 juill. 1753, à Mulhouse

ANNE-MARIE SCHAUB, * ...., † 22 avril 1756, à Mulhouse.

Enfants :

1. CATHERINE, * 14 juill. 1754, † 12 sept. 1757.

2. ELISABETH, * 20 janv. 1756, † 19 avril 1756.

Notes. — JEAN-MICHEL STEINBACH, cordonnier, à Mulhouse, fut admis, le 17 juin 1753, à la tribu des Bouchers. Il demeurait dans la rue de la Justice.

La naissance de sa femme ne figure pas dans les registres de baptême de Mulhouse. Comme à l'époque de son mariage il y eut à Mulhouse une famille Schaub, originaire de Jebsheim, près Colmar, qui obtint la protection de la ville, nous supposons, d'après certaines indices, qu'ANNE-MARIE SCHAUB appartenait à cette même lignée.

N° 101

JEAN-MICHEL STEINBACH, fils de PIERRE, N° 78

* 27 nov. 1718, à Mulhouse, † 29 août 1779, à Mulhouse

✕ 9 nov. 1750, à Mulhouse

I. MARGUERITE MARTIN, * 24 oct. 1724, † 27 janv. 1761,
fille de JEAN-HENRI MARTIN et de DOROTHÉE MARTIN;

✕ 2 déc. 1761, à Mulhouse

II. SALOMÉ LOESCHER, * en 1732/8, † 5 déc. 1792, à Mulhouse.

I. Enfants :

1. JEAN-HENRI, * 12 mars 1754, † 3 janv. 1759.

2. PIERRE, N° 133, * 26 oct. 1755, † 11 oct. 1806,
    ✕ 21 juin 1780, I. ANNE-BARBE ARLENSPACH, * 15 sept. 1754,
    † avant 1798, à Cernay;
    ✕ 2 juin 1798, à Cernay, II. CATHERINE ROTH, * en 1766, à
    Vendenheim (Bas-Rhin), † . . . .

II. Sans Enfants.

Notes. — JEAN-MICHEL STEINBACH, drapier et foulonnier, à Mulhouse, fut reçu bourgeois le jour de son mariage et admis, le 20 déc. 1750, à la tribu des Tailleurs.

En 1769, il exerça les fonctions de garde-vignes.

N° 102

JEAN-HENRI STEINBACH, fils de MARTIN, N° 79

* 5 avril 1708, à Mulhouse, † 22 févr. 1764, à Mulhouse

✕ 5 nov. 1736, à Mulhouse

ANNE ORTH, * 30 mars 1710, à Mulhouse, † 26 juill. 1781, à
    Mulhouse,
    fille de JEAN ORTH et de BARBE WITZ.

Enfants :

1. MARIE-MADELEINE, * 11 juill. 1737, † 30 mars 1752.

2. JEAN-PHILIPPE-JACQUES, † 31 déc. 1739.
    * 18 juin 1739,
3. ANNE-MARGUERITE † 9 juin 1808,
    ✕ 11 juill. 1757, à Illzach, HENRI SCHAUB, * 1er avril 1731, à Orme-
    lingen, imprimeur d'indiennes, † 17 sept. 1792, à Mulhouse.

4. ANNE-BARBE, * 18 juin 1741, † 11 juill. 1756.

5. JEAN, * 28 mars 1743, † 7 juin 1743.

6. JEAN-HENRI, * 11 oct. 1744, † 4 mars 1745.

7. MARTIN, * 4 août 1746, † 25 févr. 1747.

8. JEAN-HENRI, * 10 mars 1748, † 14 févr. 1750.

Notes. — JEAN-HENRI STEINBACH, tricoteur de chausses, à Mulhouse, fut reçu bourgeois le jour de son mariage et admis, le 22 déc. 1736, à la tribu des Tailleurs.

N° 103

PHILIPPE-JACQUES STEINBACH, fils de MARTIN, N° 79

* 8 déc. 1709, à Mulhouse, † 10 déc. 1757 à Mulhouse

✕ 22 juill. 1737, à Mulhouse

CATHERINE THIERRY, * 10 mai 1716, à Mulhouse, † 23 avril 1774,
à Mulhouse,
fille de JEAN-ULRIC THIERRY et d'ELISABETH FREY. Elle se
remaria, le 16 mai 1764, à JEAN WEISS.

Enfants :

1. ANNE-MARGUERITE, * 20 sept. 1739, † 18 déc. 1763,
   ✕ 29 nov. 1762, JÉRÉMIE STUMM, imprimeur d'indiennes.

2. PHILIPPE-JACQUES, * 11 févr. 1742, † 15 juin 1742.

3. ELISABETH, * 14 mars 1745, † 21 mars 1748,

4. JEAN-ULRIC, * 4 mai 1747, † en juin 1790, à Lyon. Il devint cadet le
   11 nov. 1763, officier le 11 oct. 1766, sous-aide-major le 31 mai
   1773 et capitaine de la compagnie mulhousienne du régiment
   suisse de Stoppa, au service de France, vers fin 1783. A cette
   date, il en annonce la nouvelle aux autorités de Mulhouse et
   scelle sa lettre du sceau que nous reproduisons.

5. CATHERINE, * 22 juin 1749, † 28 sept. 1768,
   ✕ 22 sept. 1766, JEAN-JACQUES WEISS, le jeune, cordonnier,
   * 12 avril 1744, † ...., de JEAN-JACQUES WEISS, musi-
   cien, et de MARTHE SCHLUMBERGER.

6. ELISABETH, * 30 mars 1752, † 20 avril 1752.

Notes. — PHILIPPE-JACQUES STEINBACH, tricoteur de chausses, à Mulhouse, fut reçu
bourgeois le jour de son mariage et admis, le 21 sept. 1737, à la tribu des Tailleurs.

Il exerça, avant son mariage, les fonctions de *Wachtmeister* de la compagnie Locher au
régiment suisse de Bourgy et, à ce titre, fit à Mulhouse, le 28 juill. 1734, une levée de recrues.
La qualification de *Wachtmeister* lui est donnée plus tard dans quelques documents, notamment
encore à son décès.

— 93 —

JEAN STEINBACH, fils de MARTIN, N° 79

* 23 juill. 1719, à Mulhouse, ✝ en 1776, à Algolsheim

✕ 18 mars 1743, à Mulhouse

ANNE-CATHERINE STUMM, * 21 janv. 1720, à Mulhouse, ✝ 9 mars
1808, à Mulhouse,

fille de MARTIN STUMM et d'ELISABETH OBERLIN.

Enfants :

1. ANNE-MARGUERITE, * 12 janv. 1744, ✝ 29 déc. 1789,
    ✕ 24 juin 1767, I. JEAN DOLLFUS, tisseur de lin, * 6 nov. 1735,
    ✝ 12 mai 1781, de JEAN-ULRIC DOLLFUS et de ROSINE KULLMANN;
    ✕ 3 juin 1782, à Illzach, II. JEAN-GEORGES THIERRY, horloger,
    * 9 sept. 1742, ✝ 12 août 1811, à Sierentz, veuf de SUSANNE-
    CATHERINE BEYER et fils de REGNARD THIERRY et d'ANNE-BARBE
    BOERINGER.

2. ANNE-ELISABETH, * 2 mai 1745, ✝ vers 1783, à Illzach,
    ✕ 22 oct. 1764, MARTIN SCHLUMBERGER, poëlier, puis graveur, d'Ill-
    zach, * 21 janv. 1745, ✝ 23 janv. 1786, de JÉRÉMIE SCHLUM-
    BERGER et d'ANNE MAURER.

3. MARTIN, N° 134, * 9 avril 1747, ✝ 26 brumaire an IX,
    ✕ 1er oct. 1772, I. ANNE WILLY, * 2 mai 1751, ✝ 1er avril 1784;
    ✕ 25 août 1784, II. MARIE-MADELEINE BENNER, * 25 juill. 1745,
    ✝ 11 avril 1826.

4. ANNE-CATHERINE, * 10 nov. 1748, ✝ 3 frimaire an VIII, à Mulhouse,
    ✕ vers 1771, JEAN-JACQUES GERBER, d'Illzach, * 31 mai 1746,
    ✝ 14 févr. 1798, de JEAN-ULRIC GERBER et de MADELEINE BAER.

5. CLÉOPHÉE, * 4 janv. 1750, ✝ ......

6. SALOMÉ, * 19 sept. 1751, ✝ 19 mars 1820,
    ✕ vers 1774, HARTMANN SCHLUMBERGER, cordonnier, * 3 mai 1750,
    à Illzach, ✝ 18 août 1818, à Mulhouse, frère de MARTIN
    SCHLUMBERGER, ci-dessus.

7. JEAN, * 9 août 1753, ✝ 15 mars 1792, instituteur adjoint à l'école des
    filles, à Mulhouse.

8. Philippe-Jacques, * 9 janv. 1755, † 12 mai 1755.

9. Philippe-Jacques, **N° 135**, * 12 févr. 1756, † 16 juin 1829,
    × 18 août 1779, Anne-Catherine Witz, * 28 mars 1751, † 19 mars
    1811.

10. Rosine, * 6 févr. 1759, † 27 juill. 1836, à Mulhouse,
    × ...., Jean-Jacques Zürcher, imprimeur d'indiennes.

Notes. — Jean Steinbach, tricoteur de bas, à Mulhouse, fut reçu bourgeois le jour de
son mariage et admis, le 16 févr. 1743, à la tribu des Tailleurs. Il devint maître d'école à
Illzach de 1761 jusqu'à son décès, et créa, dans ce village, un cours d'enluminage d'indiennes,
qui fut fréquenté par un certain nombre de jeunes filles.

N° 105

MARTIN STEINBACH, fils de MARTIN, N° 79

* 7 nov. 1721, à Mulhouse, † 24 févr. 1774, à Mulhouse

× 24 oct. 1746, à Mulhouse

I. ELISABETH STIEFFEL, * 23 avril 1719, † 19 févr. 1772,
    fille de Jean-Gaspard Stieffel et de Cléophée Jennin;

× 23 juin 1772, à Illzach

II. ROSINE HOLTZSCHUH, * 15 juin 1727, † 9 janv. 1791,
    fille de Jean-Ulric Holtzschuh et de Cléophée Risler.

I. Enfants :

1. Rosine, * 2 juill. 1747, † après 1825,
    × 7 déc. 1767, I. Jean Haury, graveur sur bois, de Wintersingen
    (près Bâle), † avant 1792;
    × 3 déc. 1792, II. Jean-Georges Zürcher, * 31 mars 1743,
    † 5 mars 1825, de Jean Zürcher et d'Elisabeth Ferner.

2. Martin, N° **136**, * 20 oct. 1748, † après 1775,
    ✕ 30 sept. 1771, Barbe Schlumberger, * 22 oct. 1747, † 30 nov.
      1775.

3. Marguerite, * 18 sept. 1749, † 11 févr. 1750.

4. Jean-Gaspard, N° **137**, * 7 févr. 1751, † 20 juill. 1813,
    ✕ 22 juin 1774, I. A.-Barbe Frölich, * 11 avril 1751, † 24 juill.
      1796;
    ✕ 16 janv. 1797, II. Anne-Barbe Jelensperger, * 16 janv. 1750,
      † 30 avril 1814.

5. Cléophée, * 12 mai 1752, † 26 août 1752.

6. Elisabeth, * 13 mai 1753, † 5 janv. 1758.

7. Salomé, * 27 oct. 1754, † 12 févr. 1830.
    ✕ 15 janv. 1783, Jean-Jacques Witz, coutelier, * 22 juin 1755,
      † 8 mars 1806, de Jean-Jacques Witz et de Marie-Elisabeth
      Wild, et veuf d'A.-Barbe Geyelin.

8. Philippe-Jacques, * 9 janv. 1757, † 11 août 1758.

9. Cléophée, * 18 déc. 1757 *(sic)*, † 15 ventôse an XII,
    ✕ 20 janv. 1779, Jean Hübner, boulanger, * 18 févr. 1755,
      † 15 juill. 1809, de Jean Hübner et de Barbe Frauger.

10. Elisabeth, * 19 avril 1759, † après 1774.

11. Marguerite, * 16 sept. 1764, † après 1774.

II. Sans Enfants.

Notes. — Martin Steinbach, maréchal-ferrant, à Mulhouse, fut reçu bourgeois le
28 oct. 1746, et admis à la tribu des Maréchaux, le 13 nov. 1746. En 1754, il exerça les fonctions de garde-vignes.

N° 106

JEAN-CONRAD STEINBACH, fils de JEAN, N° 81

* 12 août 1725, à Illzach, ✝ en 1764, à Illzach

✕ 27 nov. 1752, à Mulhouse

I. ANNE-MADELEINE STUDER, * en mars 1721, à Kuhnen,
✝ 16 déc. 1758, à Mulhouse;

✕ après 1758, à Illzach

II. CATHERINE SEILER, * 21 nov. 1723, à Illzach, ✝ 17 oct. 1796,
à Illzach,
fille de JEAN SEILER et de BARBE MINDER.

I. Enfants :

1. ANNE-MADELEINE, * 2 oct. 1753, ✝ ....

2. JEAN, * 27 juin 1756, ✝ ....

3. MATHIAS, N° 138, * 24 janv. 1758, ✝ ....,
✕ vers 1784, URSULE VOGEL, * 20 oct. 1752, ✝ 19 août 1790.

II. Sans Enfants.

Notes. — JEAN-CONRAD STEINBACH, d'Illzach, se fixa par son premier mariage à Mulhouse, où il obtint le droit de protection, sous la date du 9 févr. 1752. Il retourna par la suite à Illzach.

N° 107

JEAN STEINBACH, fils de JEAN, N° 81

* 7 août 1735, à Illzach, † 12 mars 1798, à Illzach

✕ vers 1760, à Illzach

ELISABETH BAER, * 12 août 1736, † 1er juill. 1792,
fille de PIERRE BAER et d'ANNE SEILER.

Sans Enfants.

Notes. — JEAN STEINBACH, agriculteur, à Illzach.

N° 108

JEAN-ULRIC STEINBACH, fils de JEAN-ULRIC, N° 82

* 10 août 1732, à Illzach, † avant 1786

✕ vers 1759, à Illzach

ANNE-ELISABETH STEINBACH, * 25 juill. 1735, † avant 1786,
fille de THIÉBAUT STEINBACH (N° 85) et d'ELISABETH
ZÜRCHER.

Enfant :

1. ELISABETH, * 4 juin 1760, † · · · · · · ·

Notes. — JEAN-ULRIC STEINBACH, agriculteur, à Illzach.

Nᵒ 109

THIÉBAUT STEINBACH, fils de JEAN-ULRIC, Nᵒ 82

* 22 août 1734, à Illzach, † avant 1786, à Illzach

✕ vers 1762, à Illzach

ELISABETH WALTER, * 21 juill. 1737, † 2 mars 1813,
fille de HENRY WALTER et de CATHERINE LAEDERICH.

Enfants :

1. ANNE-BARBE, * 7 juill. 1763, † 30 avril 1839,
✕ 7 déc. 1796, à Mulhouse, PIERRE STEINBACH (**Nᵒ 143**).

2. ELISABETH, * 4 août 1765, † 16 févr. 1851, à Mulhouse,
✕ ...., JACQUES HAURY, vétérinaire, à Cernay.

3. CATHERINE, * 5 nov. 1771, † 7 févr. 1795, célibataire.

4. JEAN-ULRIC, **Nᵒ 139**, * 12 août 1774, † 22 août 1831,
✕ 16 messidor an IX, I. CATHERINE KELLENBERGER, * 10 janv. 1776,
† 15 déc. 1812;
✕ 22 mai 1813, II. ELISABETH WALTER, * 3 avril 1781, † 5 mai
1860.

5. THIÉBAUT, * 2 nov. 1776, † avant 1778.

6. THIÉBAUT, **Nᵒ 140**, * 20 oct. 1778, † 25 mai 1807,
✕ 10 vendémiaire an X, MARGUERITE MERGY, * 25 oct. 1780,
† 17 mai 1809.

Notes. — THIÉBAUT STEINBACH, agriculteur, à Illzach.

JEAN STEINBACH, fils de JEAN, Nº 83

* 4 nov. 1725, à Illzach, † 28 nov. 1809, à Illzach

✕ 11 mars 1754, à Mulhouse

JUDITH SCHLUMBERGER, * 19 oct. 1732, † 3 nov. 1816, à Illzach,
fille de JEAN-MICHEL SCHLUMBERGER, tisseur de laine, et de
JULIE SCHLUMBERGER.

Enfants :

1. JUDITH, * 1ᵉʳ déc. 1754, † 15 sept. 1830,
    ✕ vers 1760, I. CHRÉTIEN BLANG, * 6 juin 1757, † avant 1802,
        de CHRÉTIEN BLANG, laitier, et d'ANNE-MARIE STAUBER ;
    ✕ 28 pluviôse an X, II. NICOLAS GEYELIN, tailleur, * 17 nov. 1771,
        † 30 août 1833, de JEAN-GEORGES GEYELIN et d'ELISABETH
        GEYELIN.

2. BARBE, * 24 sept. 1756, † 26 avril 1834,
    ✕ vers 1778, JEAN-JACQUES MÜLLER, tisseur de lin, * 3 oct. 1751,
        † 7 prairial an XIII, de CONRAD MÜLLER et d'ANNE-MARIE
        MÜLLER.

Notes. — JEAN STEINBACH, maréchal-ferrant, à Illzach, fut admis, le 30 avril 1754, à la
tribu des Maréchaux, de Mulhouse.

N° 111

PIERRE STEINBACH, fils de JEAN, N° 83

* 13 juin 1734, à Illzach, † 25 frimaire an VIII, à Illzach

✕ vers 1761, à Illzach

ELISABETH REINHARDT, * 16 nov. 1740, † 19 avril 1818,
fille de JEAN-ULRIC REINHARDT et d'ELISABETH ZÜRCHER.

Enfants :

1. JEAN-ULRIC, * 13 sept. 1762, † avant 1767.

2. JEAN, **N° 141**, * 19 janv. 1765, † 2 avril 1830,
     ✕ 18 juill. 1791, MARIE-MADELEINE CHRISTEN, * 2 janv. 1766,
     † 23 mai 1830.

3. JEAN-ULRIC, **N° 142**, * 23 sept. 1767, † 23 oct. 1837,
     ✕ 4 juill. 1789, CATHERINE KOENIG, * 13 juill. 1770, † avant 1837.

4. PIERRE, **N° 143**, * 17 févr. 1771, † 2 mai 1846,
     ✕ 7 déc. 1796, ANNE-BARBE STEINBACH (**N° 109**), * 7 juill. 1763,
     † 30 avril 1839.

5. JEAN-JACQUES, **N° 144**, * 14 déc. 1777, † 27 mars 1850,
     ✕ en l'an VII, ROSINE SCHERRER, * 20 janv. 1781, † 13 avril 1850.

Notes. — PIERRE STEINBACH, charron, à Illzach, fut admis, le 26 févr. 1761, à la tribu des Maréchaux, de Mulhouse. Il est dit instituteur au décès de son fils JEAN-JACQUES.

THIÉBAUT STEINBACH, fils de JEAN-ULRIC, N° 84

* 4 mars 1740, à Illzach, † 7 frimaire an XIII, à Illzach

✕ vers 1761, à Illzach

I. CATHERINE NIFENECKER, * en 1738, † avant 1775,
fille de CONRAD NIFENECKER et de CATHERINE PERSOHN;

✕ vers 1774, à Illzach

II. ANNE-BARBE BAER, * 11 nov. 1754, † 28 brumaire an XIII,
fille de PIERRE BAER et d'ANNE SEYLER.

I. Enfants :

1. THIÉBAUT, * 5 juill. 1761, † avant 1764.

2. CONRAD, * 16 juin 1763, † avant 1766.

3. THIÉBAUT, * 5 juin 1764, † avant 1775.

4. CONRAD, * 2 févr. 1766, † avant 1786.

5. ELISABETH, * 28 nov. 1767, † 20 avril 1817,
✕ 29 nov. 1790, à Illzach, MICHEL FAUDE, voiturier, de Riedheim
(Wurtemberg), * en août 1757, † 7 oct. 1813, à Mulhouse.

6. CATHERINE, * 21 mars 1770, † avant 1786.

II. Enfants :

7. THIÉBAUT, N° 145, * 30 oct. 1775, † 10 mai 1832,
✕ an VII, ELISABETH GOETZ, * 3 juin 1766, † 4 nov. 1826.

8. JEAN, N° 146, * 20 avril 1778, † 25 mai 1828,
✕ 16 ventôse an XI, A.-BARBE PERSOHN, * 16 oct. 1781, † 15 mai 1867.

9. ANNE-BARBE, * 1er janv. 1782, † avant 1786.

10. PIERRE, * 24 juin 1785, † avant 1786.

11. JEAN-ULRIC, N° 147, * 1er août 1788, † 11 janv. 1845,
✕ 3 janv. 1816, ANNE-MARIE STEINBACH (N° 128), * 23 sept. 1790,
† 5 mars 1854.

Notes. — THIÉBAUT STEINBACH, agriculteur, à Illzach.

Nº 113

JEAN-ULRIC STEINBACH, fils de THIÉBAUT, Nº 85

* 19 janv. 1742, à Illzach, † avant 1826

✕ vers 1762, à Illzach

ELISABETH NIFENECKER, * 23 juin 1738, † 25 pluviôse an X,
fille de CONRAD NIFENECKER et de CATHERINE PERSOHN.

Enfants :

1. JEAN-ULRIC, Nº **148**, * 6 janv. 1763, † 10 nov. 1826,
   ✕ 14 avril 1788, CATHERINE WALTER, * 5 janv. 1765, † 19 mars 1818.

2. CONRAD, * 18 nov. 1764, † . . . .

3. CATHERINE, * 18 nov. 1766, † . . . .

4. ANNE-BARBE, * 1ᵉʳ janv. 1769, † 17 mars 1856,
   ✕ 4 mai 1795, à Mulhouse, PAUL NIFENECKER, * . . . . † . . . .

5. JEAN, * 20 juin 1771, † . . . .

6. ELISABETH, * 26 sept. 1775, † 21 févr. 1860,
   ✕ 25 avril 1796, JEAN-ULRIC WALTER, cultivateur, * 22 juin 1771,
   † 13 avril 1814, veuf de CATHERINE STEINBACH (**Nº 115**, § 5).

Notes. — JEAN-ULRIC STEINBACH, agriculteur, à Illzach, quitta Illzach en 1775 et l'on
n'eut plus de ses nouvelles.

N° 114

PIERRE STEINBACH, fils de PIERRE, N° 87

* 21 juill. 1726, à Illzach, † en 1781, à Illzach

✕ vers 1750, à Illzach

ANNE-ELISABETH DE BIHL, * en oct. 1716, † 28 août 1790,
fille de JEAN DE BIHL et de N..... N.....

Enfants :

1. PIERRE, **N° 149**, * 19 nov. 1751, † 6 mars 1794,
   ✕ vers 1774, ANNE-CATHERINE GEYELIN, * 14 sept. 1752, † 19 mai
   1797.

2. JEAN, * 1er oct. 1753, † 1er juill. 1756, à Mulhouse.

3. CLÉOPHÉE, * 3 nov. 1755, † ....

4. URSULE, * 12 janv. 1758, † 14 juin 1813,
   ✕ vers 1778, BENOÎT WALTER, * 8 juin 1749, † avant 1813, de
   BENOÎT WALTER et de CATHERINE HAURY.

5. JEAN-ULRIC, * 24 juill. 1760, † 26 mars 1769, à Mulhouse.

Notes. — PIERRE STEINBACH, tonnelier, à Illzach, fut admis, le 26 mars 1751, à la tribu des Maréchaux, de Mulhouse. Sa femme est née hors du territoire de Mulhouse.

— 104 —

N° 115

JEAN-ULRIC STEINBACH, fils de PIERRE, N° 87

* 7 juill. 1737, à Illzach, † en 1785, à Illzach

✕ vers 1759, à Illzach

I. ANNE-BARBE STEINBACH, * 22 avril 1739, † en 1769,
fille de THIÉBAUT STEINBACH **(N° 85)** et d'ELISABETH
ZÜRCHER;

✕ vers 1770, à Illzach

II. ANNE-BARBE STERN, * 18 janv. 1748, † 7 déc. 1807,
fille de JEAN STERN et de CATHERINE STEINBACH **(N° 61, § 5)**.

I. Enfants :

1. ELISABETH, * 25 nov. 1760, † 24 messidor an IX,
   ✕ vers 1779, JEAN-JACQUES STERN, jardinier, * 16 nov. 1751,
   † 6 juill. 1815, de JEAN STERN et de CATHERINE STEINBACH
   (N° 61, § 5).

2. CLÉOPHÉE, * 18 janv. 1762, † 25 août 1818,
   ✕ vers 1785, JEAN MÜLLER, tisserand, * 3 mai 1763, † 20 juin
   1833, de CONRAD MÜLLER et de BARBE FARSCHON.

3. ANNE-BARBE, * 2 oct. 1764, † avant 1776.

4. MARGUERITE, * 9 sept. 1768, † . . . .

II. Enfants :

5. CATHERINE, * 19 nov. 1770, † 9 juin 1792,
   ✕ 20 juill. 1791, à Mulhouse, JEAN-ULRIC WALTER, cultivateur,
   * 22 juin 1771, † 13 avril 1814, de BENOÎT WALTER et d'ANNE
   WILLY. Il se remaria, le 25 avril 1796, à ELISABETH STEINBACH,
   de JEAN-ULRIC STEINBACH **(N° 113)** et d'ELISABETH NIFENECKER.

6. ANNE-MADELEINE, * 27 juill. 1774, † . . . .

7. ANNE-BARBE, * 10 mai 1776, † 1er sept. 1808,
   ✕ . . . ., PETER CHRISTEN, * . . . . † . . . .

8. PIERRE, **N° 150**, * 4 déc. 1778, † 28 déc. 1847,
   ✕ 2 messidor an IX, ANNE-CATHERINE MERGY, * 16 nov. 1778,
   † 18 août 1847.

9. Jean, * 21 sept. 1781, † . . . .

10. Marie-Madeleine, * 20 juill. 1784, † 12 juill. 1816,
    × 16 févr. 1811, Jacques Gebhardt, imprimeur, * en 1784,
      † 11 juill. 1821, de Jean-Michel Gebhardt et d'Elisabeth
      Stauber.

Notes. — Jean-Ulric Steinbach, tisseur de lin, à Illzach, fut reçu à la tribu des Tailleurs, de Mulhouse, le 8 mai 1759.

N° 116

PIERRE STEINBACH, fils de PIERRE, N° 89

* 29 mai 1740, à Mulhouse, † 5 mai 1808, à Mulhouse

× 22 févr. 1762, à Mulhouse

I. URSULE KUHM, * . . . ., à Bâle, † . . . . ;

× 27 juin 1764, à Mulhouse

II. CLÉOPHÉE ZIEGLER, * 9 août 1725, † 17 févr. 1797,
fille de Daniel Ziegler et d'Ursule Forster.

I. Sans Enfants.

II. Enfants :

1. Anne-Catherine, * 26 avril 1764, † 24 déc. 1849,
    × 23 nov. 1789, I. Léonard Reiter, * en 1759, † 22 avril 1793,
      à Arbon (Suisse);
    × 29 avril 1795, II. Henri Geist, de Ribeauvillé, * en 1770,
      † 9 prairial an XII;
    × 10 août 1808, III. Jean-Henri Ettel, journalier, * 9 août 1776,
      † 22 mars 1811, à Mulhouse, de Martin Ettel et de Catherine
      Fiechter.

2. Marie-Salomé, * 9 déc. 1765, † 26 mars 1769.

3. Pierre, * 28 janv. 1768, † . . . .

4. Marie-Salomé, * 5 nov. 1769, † 19 août 1773.

Notes. — Pierre Steinbach, imprimeur d'indiennes, à Mulhouse, vivait d'abord à Lœrrach, où sa première femme l'abandonna au bout de quelques mois de mariage. Le magistrat de Mulhouse en référa à Bâle, et le divorce fut prononcé. Il revint à Mulhouse en 1763.

N° 117

JOSUÉ STEINBACH, fils de PIERRE, N° 89

* 29 oct. 1747, à Mulhouse, † 18 juin 1826, à Mulhouse

✕ 16 févr. 1767, à Mulhouse

ANNE-CATHERINE FREY, * 12 mars 1747, à Illzach, † 22 févr. 1843,
fille de HENRI FREY, charpentier, d'Illzach, et de BARBE
PERSOHN.

Enfants :

1. ANNE-BARBE, * 1er nov. 1767, † 17 févr. 1845, à Mulhouse,
   ✕ 12 janv. 1791, PIERRE BUCHER, cordier, * .... † ....

2. JEAN-HENRI, * 9 déc. 1770, † ....

3. CATHERINE, * 10 sept. 1776, † 15 nov. 1776.

4. JOSUÉ,   ⎫   ⎧ † 21 sept. 1780.
                   ⎬ * 24 août 1778, ⎨
5. MARGUERITE,   ⎭   ⎩ † ....

6. JOSUÉ, * 19 janv. 1781, † 7 juill. 1782.

7. A.-CATHERINE, * 28 juin 1783, † après 1851,
   ✕ 21 juin 1810, JEAN-GEORGES LIEBACH, peintre en bâtiments,
   * 12 oct. 1780, † 8 déc. 1851, de JEAN-GEORGES LIEBACH et
   d'ELISABETH LANDOLT.

8. ELISABETH, * 28 juin 1783, † 29 juill. 1783.

9. ANNE-ELISABETH, * 19 août 1789, † 9 juill. 1790.

Notes. — JOSUÉ STEINBACH, imprimeur d'indiennes, à Mulhouse, plus tard propriétaire.

Nᵒ 118

FRÉDÉRIC STEINBACH, fils de FRÉDÉRIC, Nᵒ 90

* 5 sept. 1751, à Mulhouse, † 19 déc. 1821, à Mulhouse

✕ 16 janv. 1771, à Mulhouse

ELISABETH AEGLER, * 25 déc. 1753, † après 1821,
fille de JEAN-CONRAD AEGLER et d'ELISABETH RIETSCH.

Enfants :

1. SUZANNE, * 25 nov. 1772, † 22 janv. 1814, célibataire.

2. FRÉDÉRIC, **Nᵒ 151**, * 21 mai 1775, † 30 déc. 1821,
    ✕ 10 pluviôse an VIII, URSULE DIETSCH, * 14 août 1774, † après
    1821.

3. ELISABETH, * 10 août 1777, † 29 mai 1851, à Mulhouse, célibataire.

4. CONRAD, **Nᵒ 152**, * 21 févr. 1780, † 11 août 1832,
    ✕ 27 vendémiaire an X, MARIE-MADELEINE AMSLER, * 21 nov. 1780,
    † 16 déc. 1846.

5. JUDITH, * 30 nov. 1783, † 3 juin 1813,
    ✕ ...., FRÉDÉRIC GIRARDIER, graveur sur bois.

6. ANNE, * 27 juill. 1788, † 15 sept. 1871, célibataire.

7. JEAN, **Nᵒ 153**, * 7 avril 1792, † avant 1845,
    ✕ 7 mars 1816, JUDITH ROTH, * 21 juill. 1782, † 7 nov. 1845.

Notes. — FRÉDÉRIC STEINBACH, imprimeur d'indiennes, à Mulhouse et temporairement
à Thann.

———

N° 119

SAMUEL STEINBACH, fils de FRÉDÉRIC, N° 90

* 10 févr. 1760, à Mulhouse, † 9 août 1827, à Cernay

✕ 30 avril 1783, à Mulhouse

MARGUERITE AEGLER, * 23 avril 1758, † après 1827,
fille de Jean-Conrad Aegler et d'Elisabeth Rietsch.

Enfants :

1. Frédéric, * 8 déc. 1783, † . . . . . .

2. Samuel, * 4 sept. 1785, † 15 déc. 1827, à Cernay. Graveur sur bois,
célibataire.

3. Jean, * 12 juin 1787, † 17 floréal an VIII.

4. Jacques, * 15 nov. 1789, † . . . .

5. Marguerite, * 27 nov. 1791, † 30 mai 1847, à Mulhouse, célibataire.

Notes. — Samuel Seinbach, imprimeur d'indiennes, à Mulhouse, puis à Cernay.

Nᵒ 120

PIERRE STEINBACH, fils de PIERRE, Nᵒ 91

* 28 oct. 1736, à Illzach, † . . . .

✕ vers 1759, à Illzach

ANNE-CATHERINE MINDER, * 18 janv. 1734, † . . . . ,
fille de REINHARDT MINDER, le jeune, et d'ELISABETH MAURER.

Enfants :

1. ANNE-CATHERINE, * 22 nov. 1760, † 21 thermidor an VI,
    ✕ vers 1778, JEAN-HENRI MÄRGY, * 1 avril 1752, † 16 juill. 1792,
    de PIERRE MÄRGY et de BARBE SCHOEN.

2. PIERRE, * 11 févr. 1763, † 9 mai 1787, célibataire.

Notes. — PIERRE STEINBACH, tisseur de lin, à Illzach, fut admis, le 11 févr. 1759, à la
tribu des Tailleurs, de Mulhouse.

Ce couple est, sans doute, décédé avant 1786, à Illzach.

LUCAS STEINBACH, fils de MARTIN, N° 92

* 1er oct. 1747, à Illzach, † 27 nov. 1827, à Mulhouse

✕ 10 nov. 1773, à Mulhouse

I. CATHERINE JELENSPERGER, * 27 févr. 1752, † 26 mai 1786,
fille d'ALBRECHT JELENSPERGER et de CATHERINE GOETZ ;

✕ 9 janv. 1788, à Mulhouse

II. ANNE-BARBE ABDORFF, * 20 mars 1746, † 14 janv. 1824,
fille de JEAN ABDORFF et d'ANNE-MARIE VOGT.

I. Enfants :

1. MARTIN, * 9 août 1774, † 18 avril 1775.

2. LUCAS, **N° 154**, * 11 janv. 1776, † 30 avril 1813,
✕ 6 pluviôse an IX, CHRISTINE HAURY, * 6 mars 1768, † 29 sept.
1822.

3. A.-CATHERINE, * 11 janv. 1776, † 16 juill. 1811,
✕ 30 pluviôse an XII, GASPARD GROSSMANN, imprimeur, * 16 juin
1773, à Höngg (canton de Zurich), † 22 mars 1856, de
GASPARD GROSSMANN et d'ANNE APPENZELLER.

4. PIERRE, * 27 sept. 1779, † 21 mars 1780.

5. MARTIN, **N° 155**, * 24 juin 1781, † 4 mai 1825,
✕ 18 déc. 1809, A.-MARIE-MADELEINE WEISSHAAG, * 27 mars 1780,
† 15 janv. 1840.

6. ANNE-BARBE, * 20 janv. 1784, † 17 oct. 1786.

7. JEAN, * 22 mai 1786, † . . . .

II. Enfants :

8. BARBE, * 1er nov. 1788, † 28 sept. 1810,
✕ 19 avril 1809, CHRÉTIEN DRUMM, contre-maître imprimeur d'indiennes, * 17 févr. 1787, † 6 août 1823, de CHRÉTIEN DRUMM,
cordonnier, et de BARBE PETERSULTZ.

9. JEAN, * 8 oct. 1791, † 1er nov. 1822, imprimeur d'indiennes, célibataire.

Notes. — LUCAS STEINBACH, imprimeur d'indiennes, originaire d'Illzach, se maria et se
fixa à Mulhouse.

N° 122

JEAN STEINBACH, fils de MARTIN, N° 92

* 10 févr. 1754, à Illzach, † 3 mars 1796, à Illzach

✕ 1ᵉʳ juill. 1776, à Mulhouse

ROSINE RISLER, * 23 mars 1758, à Mulhouse, † 14 juin 1821, à
Mulhouse,
 fille de JEAN-HENRI RISLER, tanneur, et d'ANNE-CATHERINE
 RISLER.

Enfants :

1. JEAN, * 2 juill. 1777, † avant 1780.

2. DANIEL, * 6 déc. 1778, † · · · · · · ·

3. JEAN, * 18 juin 1780, † avant 1786.

4. ANNE-CATHERINE, * 4 févr. 1782, † 14 oct. 1858, à Mulhouse,
 ✕ 15 janv. 1810, à Mulhouse, JEAN BENNER, dessinateur, * 2 juin
 1767, † 12 mars 1833, fils de JEAN BENNER et de MARGUERITE
 PHILIPP, et veuf d'ELISABETH KOHLER.

5. MARTIN, * 3 août 1783, † · · · · · · ·

6. JEAN-HENRI, N° 156, * 12 nov. 1784, † 16 mars 1856,
 ✕ 10 mars 1808, I. A.-BARBE ROTH, * 14 févr. 1785, † 19 févr. 1811 ;
 ✕ 25 juill. 1811, II. ELISABETH STEFFAN, * 18 juill. 1786, † · · · · · · ·

7. ROSINE, * 19 nov. 1786, † 15 févr. 1787.

8. JEAN, * 4 mars 1788, † 9 juin 1788.

9. ROSINE, * 3 nov. 1790, † 12 juill. 1795.

Notes. — JEAN STEINBACH, tailleur, à Illzach, fut admis, le 18 juin 1776, à la tribu des
Tailleurs, de Mulhouse. Sa veuve se remaria, après sa mort, à PAUL PERSOHN, et mourut aveugle.

— 112 —

N° 123

ADAM STEINBACH, fils d'ADAM, N° 93

* 2 sept. 1747, à Illzach, † 16 avril 1824, à Illzach

× 15 févr. 1774, à Mulhouse

ELISABETH LANDSMANN, * 28 janv. 1753, à Mulhouse, † 1er août 1821, à Illzach,

fille de JONAS LANDSMANN et de JEANNE WEBER.

Enfants :

1. JEAN-HENRI, * 25 nov. 1774, † avant 1783.

2. ELISABETH, * 28 janv. 1776, † 14 juin 1847,
   × 8 sept. 1823, JEAN-NICOLAS HEINRICH, menuisier, * 2 avril 1785, à Erbach (Hesse), † 30 nov. 1825, de CHRÉTIEN HEINRICH et d'ELISABETH HAUCK.

3. CATHERINE, * 5 déc. 1777, † 17 avril 1837,
   × 22 frimaire an X, ANDRÉ SCHMIDLIN, imprimeur d'indiennes, * 5 févr. 1775, † 13 mai 1819, d'ANDRÉ SCHMIDLIN et de MARGUERITE DIENGER.

4. ANNE-BARBE, * 17 août 1780, † 17 déc. 1855, célibataire.

5. JEAN-HENRI, N° **157**, * 7 mars 1783, † 10 mars 1761,
   × 20 nov. 1826, MARIE ZIMMERMANN, * en 1785, † 2 avril 1860.

6. PIERRE, N° **158**, * en 1786, † 28 juin 1855,
   × 21 juill. 1810, BARBE BIRGENBEIL, * 9 févr. 1788, † 18 janv. 1841.

7. MADELEINE, * 28 nov. 1789, † 15 janv. 1793.

8. URSULE, * 21 mars 1793, † 4 juin 1873,
   × 21 déc. 1829, JEAN IRING, imprimeur d'indiennes, * 3 juin 1800, † ...., de PIERRE IRING et d'A.-CATHERINE STEINBACH (N° **93**, § 6).

9. MARIE, * 6 sept. 1797, † 31 oct. 1862,
   × 18 août 1825, BENJAMIN SCHURER, chimiste-coloriste, * 5 sept. 1798, † après 1862, de JEAN-BENJAMIN SCHURER et de SALOMÉ REHM.

Notes. — ADAM STEINBACH, cuvelier, à Illzach, fut admis, le 27 févr. 1774, à la tribu des Maréchaux, de Mulhouse.

$$N^o\ 124$$

JEAN STEINBACH, fils d'ADAM, N° 93

* 13 mai 1755, à Illzach, † 16 févr. 1817, à Illzach

✕ vers 1786, à Illzach

ANNE-CORNÉLIE GREYER, * en 1768, à Offenbach, près Francfort-
sur-Mein, † 21 nov. 1832, à Mulhouse,
fille de JOACHIM GREYER et de CATHERINE N.....

Enfants :

1. CATHERINE, * 29 déc. 1786, † 17 janv. 1787, à Illzach.

2. JEAN, * 13 avril 1787, † 12 juin 1787, à Illzach.

3. JEAN, N° 159, * 7 juin 1788, à Illzach, † 26 juill. 1855, à Mulhouse,
✕ 11 juin 1818, ANNE-MARIE LAEDERICH, * 21 janv. 1796,
† 20 févr. 1846.

4. CATHERINE, * 11 nov. 1789, † 22 août 1790, à Illzach.

5. GEORGES, * 27 mars 1792, † ....

6. JEAN-ANTOINE, N° 160, * 22 août 1798, à Offenbach (Hesse),
† 15 févr. 1842, à Mulhouse,
✕ 21 mars 1822, CATHERINE STERN, * 14 juill. 1798, † 25 juill.
1866.

7. CATHERINE, * 5 mars 1800, à Offenbach (Hesse), † 19 avril 1825, à
Illzach,
✕ 18 juin 1821, à Illzach, NICOLAS WEBER, imprimeur d'indiennes,
* 17 janv. 1798, † avant 1825, de NICOLAS WEBER et d'ELISA-
BETH LOESCHER.

8. BARBE, * 19 pluviôse an XII, à Offenbach (Hesse), † 21 mai 1832,
célibataire, à Illzach.

9. URSULE, * 19 avril 1807, † 28 avril 1807, à Illzach.

10. ROSINE, * 3 sept. 1808, † 12 juill. 1835, célibataire, à Mulhouse.

11. CHRÉTIEN, * 2 févr. 1813, † 13 janv. 1831, graveur sur bois, à Illzach,
célibataire.

Notes. — JEAN STEINBACH, menuisier, d'abord à Illzach, fut admis, le 21 févr. 1788,
à la tribu des Maréchaux, de Mulhouse. Le 5 mars 1793, il prit son congé, pour lui, sa femme
et ses enfants, et alla s'établir à Offenbach (Hesse), lieu de naissance de sa femme, d'où il
revint à Illzach, vers 1804.

N° 125

JEAN STEINBACH, fils de FRÉDÉRIC, N° 95

* 15 juill. 1762, à Illzach, † 5 juill. 1815, à Illzach

✕ 12 nov. 1787, à Illzach

MARIE WEBER, * 21 août 1762, † . . . .,
fille de Nicolas Weber et d'Anne Steinbach (**N° 86**, § 1).

Enfants :

1. Elisabeth, * 18 août 1788, † . . . .

2. Anne, * 13 mai 1790, † . . . .

3. Jean, **N° 161**, * 29 juin 1795, † . . . .,
  ✕ 12 juill. 1819, I. Salomé Grumler, * 19 floréal an VII,
    † 15 févr. 1827 ;
  ✕ 31 déc. 1836, II. Elisabeth Imhoff, * 14 nov. 1802, † . . . .

4. Catherine, * 17 déc. 1798, † . . . .

Notes. — Jean Steinbach, imprimeur d'indiennes, puis graveur sur bois, à Illzach.

$$N^o\ 126$$

FRÉDÉRIC STEINBACH, fils de FRÉDÉRIC, **N° 95**

* 5 juin 1766, à Illzach, † 14 déc. 1836, à Illzach

✕ 3 déc. 1787, à Illzach

ANNE WALTER, * 2 août 1766, † 27 janv. 1815,
fille de BENOÎT WALTER et d'ANNE-MARIE STEINBACH
(**N° 86**, § 2).

Enfants :

1. ANNE, * 17 nov. 1788, † 21 juill. 1789.

2. FRÉDÉRIC, * 1er mars 1792, † 31 mai 1792.

3. BENOIT, **N° 162**, * 4 déc. 1793, † 12 déc. 1864,
✕ 9 avril 1818, URSULE STERN, * 29 mai 1792, † 4 juill. 1862.

4. FRÉDÉRIC, **N° 163**, * 9 févr. 1797, † en 1860, à Cernay,
✕ 13 nov. 1820, FRANÇOISE-ELISABETH GRESSARD, * 11 sept. 1790,
† avant 1860.

5. MARIE, * 25 ventôse an VIII, † 31 déc. 1842,
✕ 4 mai 1820, CHRÉTIEN WALTER, * 29 juin 1792, † 16 juin 1864,
de JEAN WALTER et de CATHERINE BLANCK.

6. ANNE, * 27 frimaire an XI, † 30 juin 1866,
✕ 15 déc. 1825, JEAN-ULRIC GERBER, voiturier, * 7 févr. 1803,
† 21 nov. 1890, de JEAN GERBER, cultivateur, et de MARGUERITE
SEYLER.

7. CATHERINE, * 2 frimaire an XIII, † 17 messidor an XIII.

8. JEAN, * 25 nov. 1806, † 22 févr. 1808.

9. ELISABETH, * 21 mars 1809, † 30 mars 1809.

Notes. — FRÉDÉRIC STEINBACH, graveur sur bois, à Illzach.

Nº 127

JEAN-HENRI STEINBACH, fils de FRÉDÉRIC, Nº 95

* 26 févr. 1771, à Illzach, † 29 janv. 1848, à Illzach

✕ 18 avril 1796, à Illzach

SUZANNE SCHOEN, * en 1768, † 19 avril 1834,
fille de Pierre Schoen, tisseur de bas, et d'Elisabeth Pagès.

Enfants :

1. Jean-Ulric, * 8 août 1796, † 20 sept. 1796.

2. Anne-Elisabeth, * 19 sept. 1797, † 28 janv. 1864,
   ✕ 1ᵉʳ mai 1826, Conrad Walter, tisserand, * 4 mai 1800,
   à Illzach, † 20 sept. 1835, à Mulhouse, Conrad Walter,
   tisserand, et d'Anne Seyler.

3. Frédéric, Nº **164**, * 30 nov. 1798, † 28 avril 1878,
   ✕ vers 1818, à Winterthur, Madeleine Meyer, * en 1792,
   à Winterthur, † 4 sept. 1859.

4. Henry, * 25 germinal an IX, † 1ᵉʳ floréal an IX.

5. Henry, Nº **165**, * 27 germinal an X, † 7 janv. 1870,
   ✕ 5 juill. 1824, Elisabeth Noetzly, * 12 mars 1804, † avant 1893.

6. Catherine, * 13 vendémiaire an XIII, † 15 sept. 1865,
   ✕ 21 juin 1833, Chrétien Lochmann, menuisier, à Mulhouse,
   * 3 août 1804, à Suxdorf (Prusse), † ...., d'André
   Lochmann et de Christine-Rosine Martin.

7. Ursule, * 11 nov. 1806, † ....,
   ✕ 7 juill. 1831, Frédéric-Auguste Koenig, graveur, à Modenheim,
   * 12 oct. 1807, à Pirna (Saxe), † ...., de Jacques
   Koenig, graveur, et d'Eléonore Rubert.

Notes. — Jean-Henri Steinbach, cuvelier, à Illzach, fut admis, le 8 mars 1789, à la tribu des Maréchaux, de Mulhouse.

N° 128

JEAN STEINBACH, fils d'ARNOLD, N° 96

* 9 déc. 1757, à Illzach, † 7 mars 1837, à Illzach

✕ vers 1781, à Illzach

ANNE-MARIE KELLENBERGER, * 16 févr. 1759, † 7 févr. 1829,
fille de JEAN KELLENBERGER et d'ANNE-MARIE MINDER.

Enfants :

1. JEAN, * 20 sept. 1782, † 18 déc. 1790.

2. ULRIC, * 15 févr. 1785, † avant 1786.

3. ELISABETH, * 1er nov. 1786, † 24 févr. 1788.

4. JEAN-ULRIC, * 7 oct. 1788, † 30 nov. 1791.

5. ANNE-MARIE, * 23 sept. 1790, † 5 mars 1854,
   ✕ 3 janv. 1816, JEAN-ULRIC STEINBACH (N° 147).

6. ANNE, * 13 févr. 1793, † 5 mars 1815, célibataire.

7. JEAN, * 9 déc. 1794, † · · · · · · ·

8. JEAN-ULRIC, N° 166, * 11 déc. 1796, † 26 avril 1856,
   ✕ 7 nov. 1822, ANNE-MARIE STAMM, * 18 sept. 1800, † 7 nov. 1870.

9. BARBE, * 3 oct. 1898, † 7 brumaire an IX.

10. JACQUES, N° 167, * 3 nivôse an IX, † 21 oct. 1858,
    ✕ 19 avril 1827, ANNE-CATHERINE KAMMERER, * 9 frimaire an XI,
    † 25 févr. 1881.

11. HENRY, N° 168, * 12 pluviôse an XII, † 9 juill. 1890,
    ✕ 20 févr. 1826, JUDITH FICKER, * 30 janv. 1803, † avant 1890.

Notes. — JEAN STEINBACH, imprimeur sur toiles, à Illzach.

— 118 —

N° 129

FRÉDÉRIC STEINBACH, fils d'ARNOLD, N° 96

* 15 janv. 1762, à Illzach, † 9 sept. 1832

✕ 1ᵉʳ déc. 1794, à Illzach

URSULE GOETZ, * 5 juin 1770, † 29 juin 1824,
fille de JEAN GOETZ et d'ELISABETH KELLENBERGER.

Enfants :

1. ELISABETH, * 21 sept. 1795, † 8 sept. 1797.

2. JEAN, **N° 169**, * 26 août 1798, † 25 mai 1850,
✕ ...., ELISABETH STERN, * 1ᵉʳ juin 1802, † 10 févr. 1885.

3. JEAN-ULRIC, **N° 170**, * 17 nivôse an IX, † 2 oct. 1878,
✕ 5 juin 1826, CATHERINE MULLER, * 25 brumaire an XI, † avant
1878.

Notes. — FRÉDÉRIC STEINBACH, imprimeur d'indiennes, à Illzach.

N° 130

JEAN-ULRIC STEINBACH, fils d'ARNOLD, N° 96

* 31 mars 1765, à Illzach, † 2 févr. 1847, à Illzach

× 7 nov. 1795, à Illzach

I. ANNE-BARBE MEYER, * 16 déc. 1771, † 18 févr. 1809,
fille de JACQUES MEYER et d'ELISABETH SCHEIDECKER;

× 21 mai 1810, à Illzach

II. CATHERINE SCHERRER, * 23 déc. 1767, † 18 déc. 1847,
fille de JEAN-ULRIC SCHERRER et d'ELISABETH WENGERT.

I. Enfants :

1. JEAN-ULRIC, * 17 mars 1797, † . . . .

2. ELISABETH, * 26 août 1798, † 15 fructidor an VI.

3. ANNE-BARBE, * 1er frimaire an IX, † 20 août 1870,
× 21 juill. 1823, VALENTIN KLIPPSTIEHL, imprimeur d'indiennes,
* 2 oct. 1795, † 17 nov. 1878, à l'Ill de paille, près Risheim,
de VALENTIN KLIPPSTIEHL et d'ANNE-MARIE STUDER.

4. ELISABETH, * 17 pluviôse an XI, † 23 prairial an XI.

5. GEORGES, * 3 juin 1806, † 24 août 1806.

6. GEORGES, N° 171, * 18 févr. 1809, † 9 févr. 1841,
18 juill. 1833, URSULE WALTER, * 17 sept. 1810, † 28 nov. 1860.

II. Sans Enfants.

Notes. — JEAN-ULRIC STEINBACH, imprimeur d'indiennes, à Illzach.

"

N° 131

JEAN-HENRI STEINBACH, fils de JEAN-HENRI, N° 97

* 15 sept. 1771, à Illzach, † 21 juill. 1850, à Mulhouse

✕ 20 févr. 1797, à Mulhouse

ELISABETH HARTMANN, * . . . ., † avant 1850.

Enfant :

1. JEAN-HENRY, * 3 nivôse an IX, à Mulhouse, † 27 sept. 1840, commis-
voyageur, célibataire.

Notes. — JEAN-HENRI STEINBACH, graveur, d'Illzach, se fixa à Mulhouse par son mariage, et devint directeur de fabrique.

N° 132

GEORGES STEINBACH, fils de JEAN-BERNARD, N° 99

* . . . ., à Neu-Saarwerden, † . . . ., à Londres,

✕ en 1787, à Londres,

MARIA GRANT, * . . . ., à Londres, † . . . .

Sans Enfants connus.

Notes. — GEORGES-DANIEL STEINBACH, de la branche de Mulhouse, s'établit à Londres, où il se maria. A cet effet, il demanda, le 20 sept. 1787, le droit de bourgeoisie pour sa femme. Il doit avoir laissé de la descendance à Londres.

N° 133

PIERRE STEINBACH, fils de JEAN-MICHEL, N° 101

* 26 oct. 1755, à Mulhouse, † 11 oct. 1806, à Mulhouse

✕ 21 juin 1780, à Illzach

I. ANNE-BARBE ARLENSPACH, * 15 sept. 1754, † avant 1798, à
    Cernay,
       fille de MATHIAS ARLENSPACH, épinglier, et d'ANNE-BARBE
       GOETZ;

✕ 2 juin 1798, à Cernay

II. CATHERINE ROTH, * en 1766, à Vendenheim (Bas-Rhin),
    † après 1806,
       femme divorcée de JACQUES D'AELLINGER, imprimeur.

I. Enfants :

1. PIERRE,   * 21 sept. 1780,   † 21 sept. 1780.
2. ANNE-BARBE,   † 29 oct. 1780,
3. CATHERINE, * 26 sept. 1781, † . . . .
4. MATHIAS, * 12 févr. 1783, † 16 nov. 1786.
5. PIERRE, * 16 sept. 1784, † 25 mars 1785.
6. ANNE-BARBE, * 30 oct. 1785, † 24 nov. 1786.
7. JEAN-MICHEL, N° 172, * 14 mars 1788, † 3 mars 1811,
    ✕ 15 sept. 1808, à Cernay, BARBE LEIDIG, * 31 mai 1787, † 29 mai
    1811.
8. MARGUERITE, * 24 janv. 1790, † . . . .
9. PIERRE, * 18 juin 1791, † 27 nivôse an IV, à Cernay.
10. JUDITH, * 15 janv. 1793, † 3ᵐᵉ jour complémentaire an II, à Cernay.
11. JEAN-GASPARD, * 29 août 1795, † 7 messidor an VII.
12. JEAN-GASPARD, * 12 fructidor an III, à Cernay, † . . . .

II. Sans Enfants.

Notes. — PIERRE STEINBACH, tisseur de laine, puis imprimeur d'indiennes, à Mulhouse,
fut admis, le 24 févr. 1780, à la tribu des Tailleurs. En 1791, il exerça les fonctions de garde-
vignes. Il séjourna pendant quelques années à Cernay. A son décès, il demeurait rue Bon-
bonnière, 498, à Mulhouse.

MARTIN STEINBACH, fils de JEAN, Nº 104

* 9 avril 1747, à Mulhouse, † 26 brumaire an IX, à Mulhouse,

× 1ᵉʳ oct. 1772, à Mulhouse

I. ANNE WILLY, * 2 mai 1751, † 1ᵉʳ avril 1784,
fille de MATHIAS WILLY et d'ANNE KURTZ;

× 25 août 1784, à Mulhouse

II. MARIE-MADELEINE BENNER, * 25 juill. 1745, † 11 avril 1826,
fille de JEAN BENNER, peignier, et d'URSULE WEICHBERGER,
et veuve de DANIEL GRUMLER, tisseur de laine.

I. Enfants :

1. JEAN, * 22 juin 1773, † 23 juin 1773.

2. MARTIN, **Nº 173,** * 20 déc. 1775, † 4 août 1829,
 × 12 messidor an IX, ANNE KOENIG, * 30 juill. 1777, † après 1829.

3. ANNE-CATHERINE, * 17 juin 1777, † 23 juin 1777.

4. MATHIAS, * 5 déc. 1780, † 6 avril 1781.

5. JEAN, * 21 sept. 1782, † 15 mars 1783.

II. Enfants :

6. JEAN, * 10 déc. 1785, † 12 juill. 1786.

7. JEAN, * 26 juin 1787, † . . . .

8. JEAN-HENRI, * 10 avril 1789, † 4 févr. 1791.

Notes. — MARTIN STEINBACH, tricoteur de bas, à Mulhouse, fut admis, le 20 déc. 1772,
à la tribu des Tailleurs.
En 1785, il exerça les fonctions de garde-vignes.
A son décès, il demeurait rue Guillaume-Tell.

Nᵒ 135

PHILIPPE-JACQUES STEINBACH, fils de JEAN, Nᵒ 104

* 12 févr. 1756, à Mulhouse, † 16 juin 1829, à Mulhouse

✕ 18 août 1779, à Mulhouse

ANNE-CATHERINE WITZ, * 28 mars 1751, † 19 mars 1811,
fille de JEAN-JACQUES WITZ et d'ELISABETH WILD.

Enfants :

1. JEAN, * 15 mai 1780, † 25 déc. 1780.

2. ANNE-CATHERINE, * 16 août 1781, † 25 juill. 1783,

3. ELISABETH, * 12 mars 1783, † . . . .
   ✕ 9 nov. 1820, HENRY-JOSEPH-ALEXIS DELACOURT, né en 1788, à
   Pont-de-Roi (Doubs), de FRANÇOIS DELACOURT, préposé des
   douanes, et de MARIE-ANNE BAILLY.

4. PHILIPPE-JACQUES, * 27 oct. 1784, † . . . .

5. JEAN, * 18 nov. 1786, † 26 août 1790.

Notes. — PHILIPPE-JACQUES STEINBACH, maréchal-ferrant, à Mulhouse, fut admis, le
19 sept. 1779, à la tribu des Maréchaux. Plus tard, il devint facteur de la poste aux lettres.
En 1791, il exerça les fonctions de garde-vignes.

— 124 —

N° 136

MARTIN STEINBACH, fils de MARTIN, N° 105

* 20 oct. 1748, à Mulhouse, † après 1775

✕ 30 sept. 1771, à Mulhouse

BARBE SCHLUMBERGER, * 22 oct. 1747, † 30 nov. 1775,
fille de JEAN-MICHEL SCHLUMBERGER, tisseur de laine, et de
JULIE SCHLUMBERGER.

Sans Enfants.

Notes. — MARTIN STEINBACH, cloutier *(Schwartz Nagelschmidt)*, à Mulhouse, fut reçu,
le 14 oct. 1771, à la tribu des Maréchaux.

JEAN-GASPARD STEINBACH, fils de MARTIN, N° 105

* 7 févr. 1751, à Mulhouse, † 20 juill. 1813, à Mulhouse

✕ 22 juin 1724, à Mulhouse

I. ANNE-BARBE FRÖLICH, * 11 avril 1751, † 24 juill. 1796,
fille de LOUIS FRÖLICH et de SUZANNE WEBER ;

✕ 16 juin 1797, à Mulhouse

II. ANNE-BARBE JELENSPERGER, * 16 janv. 1750, † 30 avril 1814,
fille de PIERRE JELENSPERGER et de MARIE-MADELEINE
PHILIPP.

I. Enfants :

1. LOUIS, * 10 sept. 1775, † 9 déc. 1775.

2. ANNE-BARBE, * 24 août 1776, † 6 sept. 1776.

3. JEAN-GASPARD, * 14 août 1778, † 15 août 1779.

4. MARGUERITE, * 15 juill. 1779, † 25 juill. 1817,
✕ 24 févr. 1811, JEAN-MICHEL PRÉVOST, horloger, * 18 déc. 1777,
à Mulhouse, † en 1815, de JEAN-HENRY PRÉVOST et d'ELISABETH
JELENSPERGER.

5. ANNE-BARBE, * 22 janv. 1781, † 27 mars 1863, célibataire.

6. ELISABETH, * 15 mai 1782, † 16 août 1839, célibataire.

7. CATHERINE, * 17 août 1783, † 24 oct. 1783.

8. JEAN-GASPARD, * 25 févr. 1785, † 3 nov. 1865, comptable, célibataire.

9. JEAN, N° 174, * 26 août 1786, † 3 juin 1872,
✕ 6 avril 1815, I. BARBE SCHWARTZ, * 5 avril 1790, † 25 mars
1823 ;
✕ 8 avril 1824, II. ANNE-BARBE LAEDERICH, * 4 mai 1797, † 3 déc.
1878.

10. Anne-Catherine, * 4 sept. 1787, † jeune.

11. Martin, * 25 mars 1789, † 5 juill. 1789.

12. Martin, * 12 oct. 1790, † 14 oct. 1790.

II. Sans Enfants.

Notes. — Jean-Gaspard Steinbach, maréchal-ferrant, à Mulhouse, fut admis, le 29 mai 1774, à la tribu des Maréchaux. En 1785, il exerça les fonctions de garde-vignes.

N° 138

MATHIAS STEINBACH, fils de JEAN-CONRAD, N° 106

* 24 janv. 1758, à Mulhouse, † après 1790,

× vers 1784, à Illzach

URSULE VOGEL, * oct. 1752, à Illzach, † 19 août 1790, à Illzach, fille de Jean Vogel et d'Anne-Marie Eck.

Enfants :

1. Conrad,
2. Anne-Marie, × 29 oct. 1785, à Illzach, † .... † 18 avril 1834, à Mulhouse,
   × 18 mars 1813, à Mulhouse, Jacques Sutter, imprimeur d'indiennes, * 30 août 1792, à Mulhouse, † ...., de Jacques Sutter, coloriste, et d'Anne-Marie Linck.

Notes. — Mathias Steinbach, maçon et tailleur de pierres, à Mulhouse, fut admis à la tribu des Maréchaux, le 19 février 1784. A la mort de sa femme, il était absent.

Nº 139

JEAN-ULRIC STEINBACH, fils de THIÉBAUT, Nº 109

* 12 août 1774, à Illzach, † 22 août 1831, à Illzach

╳ 16 messidor an IX, à Illzach

I. CATHERINE KELLENBERGER, * 10 janv. 1776, † 15 déc. 1812,
fille de JEAN-ULRIC KELLENBERGER et de BARBE WEBER;

╳ 22 mai 1813, à Illzach

II. ELISABETH WALTER, * 3 avril 1781, † 5 mai 1860,
fille de BENOÎT WALTER et d'URSULE STEINBACH (**Nº 114**, §4).

I. Enfants :

1. BARBE, * 22 germinal an X, † 10 oct. 1864,
    ╳ ...., NICOLAS MEYER, propriétaire, * en 1802, † 5 nov. 1880,
        de JACQUES MEYER, cultivateur, et de CATHERINE GEYELIN.

2. ULRIC, **Nº 175**, * 24 sept. 1806, † 3 juill. 1849,
    ╳ 25 juill. 1831, MARIE GEYELIN, * 5 mars 1809, † après 1849.

II. Enfant :

3. JACQUES, * 5 nov. 1815, † 11 nov. 1815.

Notes. — JEAN-ULRIC STEINBACH, imprimeur d'indiennes, à Illzach.

— 128 —

N° 140

THIÉBAUT STEINBACH, fils de THIÉBAUT, N° 109

* 20 oct. 1778, à Illzach, † 25 mai 1807, à Illzach

✕ 10 vendémiaire an X, à Illzach

MARGUERITE MAERGY, * 25 oct. 1780, † 17 mai 1809,
fille de CONRAD MAERGY et d'ANNE MAISCH.

Enfants :

1. CONRAD, N° 176, * 19 déc. 1801, † 25 oct. 1877,
   ✕ 30 août 1827, Salomé Entz, * 27 août 1801, † 30 déc. 1871.

2. THIÉBAUT, * 18 floréal an XII, † 28 thermidor an XII.

3. JACQUES, N° 177, * 31 mars 1806, † 9 oct. 1887,
   ✕ 30 déc. 1832, BARBE NIFENECKER, * 26 févr. 1806, † 1er janv.
   1879.

Notes — THIÉBAUT STEINBACH, imprimeur d'indiennes, à Illzach.

JEAN STEINBACH, fils de PIERRE, Nᵒ 111

* 19 janv. 1765, à Illzach, † 2 avril 1830, à Illzach

✕ 18 juill. 1791, à Illzach

MARIE-MADELEINE CHRISTEN, * 2 janv. 1766, † 23 mai 1830,
fille de JACQUES CHRISTEN et de MADELEINE ZETTER.

Enfants :

1. JEAN, * 3 déc. 1791, † 1ᵉʳ févr. 1868, charron, célibataire.

2. ELISABETH, * 20 juin 1793, † 5 juin 1797.

3. MADELEINE, * 23 oct. 1794, † 10 déc. 1864,
    ✕ 24 mai 1821, NICOLAS VOGEL, cultivateur, * 6 août 1786,
        † avant 1864, de JACQUES VOGEL, cultivateur, et de CATHERINE
        WEBER.

4. ELISABETH, * 16 juill. 1797, † 21 avril 1855,
    ✕ 25 mai 1818, JEAN WALTER, cultivateur, * 16 mai 1788, † 10 oct.
        1844, de JEAN WALTER et de CATHERINE BLANG.

5. ROSINE, * 22 pluviôse an VIII, † 22 févr. 1852,
    ✕ 7 mai 1827, I. JEAN-HENRI WALTER, graveur sur bois, * 18 juin
        1800, † 26 nov. 1833, de JEAN WALTER et d'ELISABETH SEYLER ;
    ✕ 27 août 1840, II. GEORGES RASSER, charron, * 18 août 1810, à
        Geispitzen, † après 1852, de GEORGES RASSER, charron, et de
        CATHERINE RELLINGER.

6. ANNE, * 10 vendémiaire an XII, † 3 brumaire an XII.

Notes. — JEAN STEINBACH, charron, à Illzach.

N° 142

JEAN-ULRIC STEINBACH, fils de PIERRE, N° 111

* 23 sept. 1767, à Illzach, † 23 oct. 1837, à Mulhouse

╳ 4 juill. 1789, à Illzach

CATHERINE KOENIG, * 13 juill. 1770, † avant 1837.
fille de PIERRE KOENIG et de BARBE MINDER.

Enfants :

1. JEAN, * 10 oct. 1779, † 19 janv. 1790.

2. JEAN-ULRIC, * 17 déc. 1790, † 20 juin 1794.

3. JACQUES, **N° 178**, * 27 oct. 1792, † 12 avril 1861,
   ╳ 16 mars 1820, CATHERINE SENGELIN, * 18 déc. 1793, † 4 févr.
   1870.

4. JEAN-ULRIC, **N° 179**, * 30 nov. 1795, † 4 janv. 1873,
   ╳ 19 oct. 1820, ANNE STEFFAN, * 26 août 1797, † avant 1873.

5. PIERRE, **N° 180**, * 31 mars 1798, † 15 nov. 1859,
   ╳ 4 mai 1820, ELISABETH STEINBACH (**N° 143**, § 2), * 29 vendémiaire an XI, † 30 juill. 1838.

6. CATHERINE, * 2 germinal an VIII, † ....
   ╳ 26 nov. 1818, JACQUES KAMMERER, graveur sur bois, * 25 sept.
   1795, † ...., de JEAN-JACQUES KAMMERER et de MARIE
   REINHARD.

7. ELISABETH, * 11 pluviôse an XII, 25 juill. 1844, à Mulhouse,
   ╳ 8 mai 1824, ABRAHAM MEYER, graveur sur rouleaux, * 2 nov.
   1803, † après 1844, de JEAN-GEORGES MEYER, tonnelier, et de
   BARBE LEIBUNDGUTH.

8. ANNE-MARIE, * 20 avril 1806, † ....

9. ACHILLE, **N° 181**, * 21 juin 1810, † 8 mai 1876,
   ╳ 28 févr. 1856, FRÉDÉRIQUE-FRANÇOISE-AMÉLIE HOEFER, * 2 janv.
   1830, † 28 févr. 1862.

Notes. — JEAN-ULRIC STEINBACH, graveur sur bois, à Illzach, puis à Mulhouse.

N° 143

PIERRE STEINBACH, fils de PIERRE, N° 111

* 17 févr. 1771, à Illzach, † 2 mai 1846, à Illzach

✕ 7 déc. 1796, à Mulhouse

ANNE-BARBE STEINBACH, * 7 juill. 1763, † 30 avril 1839,
fille de Thiébaut Steinbach (N° 109) et d'Elisabeth
Walter.

Enfants :

1. Jean-Jacques, * 15 déc. 1797, † 9 germinal an VI.

2. Elisabeth, * 29 vendémiaire an XI, † 30 juill. 1838,
    ✕ 4 mai 1820, Pierre Steinbach (N° 180), * 31 mars 1798,
    † 15 nov. 1859.

Notes. — Pierre Steinbach, cultivateur, à Illzach.

N° 144

JEAN-JACQUES STEINBACH, fils de PIERRE, N° 111

* 14 déc. 1777, à Illzach, † 27 mars 1850, à Mulhouse

✕ en l'an VII, à Illzach

ROSINE SCHAERER, * 20 janv. 1781, à Illzach, † 13 avril 1850, à Mulhouse,

fille de JEAN SCHAERER et d'ELISABETH VOGEL.

Enfants :

1. ELISABETH, * 20 vendémiaire an VIII, à Illzach, † 3 mai 1882, à Mulhouse, célibataire.

2. JEAN-JACQUES, **N° 182**, * 29 thermidor an IX, † 7 oct. 1869,
   ✕ 26 févr. 1828, FRÉDÉRIQUE BENNER, * 12 fructidor an VIII, † 9 mai 1892.

3. ROSINE, * 20 messidor an XII, † 21 avril 1889,
   ✕ 14 mai 1829, JEAN MEYER, chimiste, * 8 mai 1798, à Illzach, † 14 sept. 1884, à Mulhouse, fils de JEAN MEYER et d'ELISABETH SCHAERER.

4. JEAN, **N° 183**, * 18 avril 1808, † 7 juill. 1870,
   ✕ fin 1840, CAROLINE MATTERN, * 11 nov. 1822, † 20 juill. 1890.

5. JEAN-GEORGES, **N° 184**, * 25 sept. 1809, † 1er déc. 1893,
   ✕ 26 sept. 1835, HENRIETTE-SOPHIE LÉGER, * 25 sept. 1807, † 6 sept. 1871.

6. SOPHIE, * 6 mai 1813, † 13 mars 1889,
   ✕ 17 juill. 1837, EMILE MEYER, chimiste, * 23 févr. 1809, † 31 mars 1869, fils de JÉRÉMIE MEYER et de MARIE-MADELEINE LISCHY.

7. JULIE, * 28 janv. 1816, † 25 févr. 1885,
   ✕ 14 févr. 1842, EMILE ZUNDEL, manufacturier à Moscou, * 6 sept. 1811, † 17 janv. 1874, fils de JEAN ZUNDEL et de CAROLINE THIERRY. Leur fille cadette, CLARISSE-JULIE ZUNDEL, épousa, le 26 mai 1869, M. JULES MEYER, manufacturier à Niedermorschwiller (* 1840, † 1898); de cette union sont issus sept enfants, dont trois fils.

Notes. — JEAN-JACQUES STEINBACH, graveur sur bois, puis teinturier, à Mulhouse. Par suite d'une lacune de trois années dans le registre des mariages à Illzach, il a été impossible de retrouver la date exacte de son mariage, qui a eu lieu en l'an VII.

N° 145

THIÉBAUT STEINBACH, fils de THIÉBAUT, N° 112

* 30 oct. 1775, à Illzach, † 10 mai 1832, à Illzach

✕ en l'an VII, à Illzach

ELISABETH GOETZ, * 3 juin 1766, † 4 nov. 1826, à Illzach,
fille de JEAN GOETZ et d'ELISABETH KELLENBERGER.

Enfants :

1. ELISABETH, * 4 floréal an VIII, † 29 germinal an X.

2. CATHERINE, * 2 j. compl. an XII, † 1ᵉʳ mai 1837,
✕ 22 févr. 1827, MARTIN DÉGERT, graveur sur bois, * 12 août
1805, † ....

Notes. — THIÉBAUT STEINBACH, ouvrier de fabrique, à Illzach.

N° 146

JEAN STEINBACH, fils de THIÉBAUT, N° 112

* 20 avril 1778, à Illzach, † 25 mai 1828, à Illzach

╳ 16 ventôse an XI, à Illzach

ANNE-BARBE PERSOHN, * 16 oct. 1781, à Illzach, † 15 mai 1867,
à Mulhouse,
fille de PAUL PERSOHN et de BARBE KOENIG.

Enfants :

1. BARBE, * 1er vendémiaire an XII, † 21 floréal an XIII.

2. JEAN, * 20 mai 1806, † 3 nov. 1838; graveur sur bois, célibataire.

3. PAUL, N° 185, * 20 mars 1815, † 16 avril 1881,
    ╳ 30 août 1838, I. MADELEINE SCHOEN, * 8 févr. 1818, 19 août
    1854;
    ╳ 13 oct. 1855, II. MARGUERITE GERBER, * 1er oct. 1832, † 19 janv.
    1884.

4. NICOLAS, * 5 janv. 1817, † 4 juin 1818.

5. NICOLAS, N° 186, * 23 mars 1821, † 19 déc. 1873,
    ╳ 2 sept. 1847, ROSINE SPAENLIN, * 10 juill. 1825, † 14 avril 1889.

Notes. — JEAN STEINBACH, imprimeur d'indiennes, à Illzach.

N° 147

JEAN-ULRIC STEINBACH, fils de THIÉBAUT, N° 112

* 1er août 1788, à Illzach, † 11 janv. 1845, à Illzach

✕ 3 janv. 1816, à Illzach

ANNE-MARIE STEINBACH, * 23 sept. 1790, † 5 mars 1854,
    fille de JEAN STEINBACH (**N° 128**) et d'ANNE-MARIE
    KELLENBERGER.

Enfants :

1. JEAN-ULRIC, * 4 janv. 1816, † 19 janv. 1819.

2. ANNE-MARIE, * 29 août 1818, † 31 août 1818.

3. ANNE-MARIE, * 24 janv. 1820, † 18 janv. 1827.

4. DANIEL, * 3 mai 1822, † ....

5. NICOLAS, * 21 mars 1825, † 28 mars 1825.

6. CAROLINE, * 10 mai 1827, † ....
    ✕ 22 juin 1848, FRÉDÉRIC MULLER, imprimeur d'indiennes, * 10 juin
    1825, † ...., de LAURENT-FRÉDÉRIC MULLER et de SÉRA-
    PHINE SCHEIDECKER.

Notes. — JEAN-ULRIC STEINBACH, imprimeur d'indiennes, à Illzach.

N° 148

JEAN-ULRIC STEINBACH, fils de JEAN-ULRIC, N° 113

* 6 janv. 1763, à Illzach, † 10 nov. 1826, à Illzach

× 14 avril 1788, à Illzach

CATHERINE WALTER, * 5 janv. 1765, † 19 mars 1818,
fille de HENRI WALTER et d'ELISABETH CLADEN.

Enfants :

1. CATHERINE, * 17 janv. 1789, † 7 mai 1864,
   × 17 janv. 1832, CHRÉTIEN PERSOHN, graveur sur bois, * 20 nov.
   1789, † après 1864, d'ULRIC PERSOHN, cultivateur, et d'ANNE
   BLANG.

2. ELISABETH, * 2 juin 1791, † 2 mai 1852,
   × 24 avril 1815, JEAN-MICHEL SENGELIN, boulanger, * 28 déc. 1789,
   à Illzach, † avant 1852, de JEAN-MICHEL SENGELIN et de
   CATHERINE GRUMLER.

3. JUDITH, * 23 sept. 1795, † 19 frimaire an IX.

4. JEAN-ULRIC, * 14 juin 1798, † 26 thermidor an VI.

5. JUDITH, * 18 prairial an X, † 6 messidor an X.

6. JEAN-ULRIC, * 10 fructidor an XI, † 10 nivôse an XII.

7. JEAN-HENRY, N° 187, * 5 févr. 1807, † 7 janv. 1876,
   × 8 oct. 1831, URSULE NIFENECKER, * 3 mai 1808, † 7 févr. 1846.

Notes. — JEAN-ULRIC STEINBACH, graveur sur bois, à Illzach.

N° 149

PIERRE STEINBACH, fils de PIERRE, **N° 114**

* 19 nov. 1751, à Illzach, † 6 mars 1794, à Illzach

✕ vers 1774, à Illzach

ANNE-CATHERINE GEYELIN, * 14 sept. 1752, † 19 mai 1797,
fille d'ADAM GEYELIN et d'ANNE WALTER.

Enfants :

1. ELISABETH, * 28 janv. 1775, † ....

2. PIERRE, **N° 188**, * en nov. 1776, † 8 mars 1811,
   ✕ 22 prairial an VI, ANNE-MARIE SEILER, * 21 sept. 1778, † 4 déc.
   1836.

3. ADAM, **N° 189**, * 3 févr. 1778, † 11 sept. 1860,
   ✕ 3 pluviôse an XI, ANNE-BARBE WALTER, * 17 janv. 1775,
   † 13 juill. 1834.

4. JEAN-JACQUES, * 19 mai 1780, † avant 1783.

5. JACQUES, * 28 janv. 1783, † ....

6. CATHERINE, * 4 mai 1785, † 5 févr. 1794.

7. JEAN-ULRIC, * 24 nov. 1789, † 16 nov. 1790.

8. THIÉBAUT, * 6 sept. 1790, † ....

Notes. — PIERRE STEINBACH, tonnelier, à Illzach.

N° 150

PIERRE STEINBACH, fils de JEAN-ULRIC, N° 115
* 4 déc. 1778, à Illzach, † 28 déc. 1847, à Illzach

✕ 2 messidor an IX, à Illzach

ANNE-CATHERINE MAERGI, * 16 nov. 1778, † 18 août 1847,
fille de JEAN-HENRI MAERGI et d'ANNE-CATHERINE STEIN-
BACH (**N° 120**, § 1).

Enfants :

1. PIERRE, * 12 fructidor an XI, † 21 nov. 1806.

2. CATHERINE, * 1ᵉʳ mars 1806, † 13 août 1878,
 ✕ 30 janv. 1832, JEAN WALTER, imprimeur d'indiennes, * 14 janv.
 1803, † 28 oct. 1869, de CONRAD WALTER, tisserand, et d'ANNE
 SEILER.

3. ULRIC, * 28 mai 1808, † 7 juin 1808.

4. BARBE, * 20 juin 1810, † 1ᵉʳ juin 1876, à Mulhouse,
 ✕ 23 mai 1836, GEORGES DÜRR, imprimeur, * 13 janv. 1805, à
 Dorlisheim, † avant 1876, de JACQUES DÜRR, cordonnier, et de
 BARBE HERMANN.

5. JEAN-ULRIC, * 6 sept. 1811, † 10 sept. 1811.

6. PIERRE, * 28 oct. 1813, † 6 nov. 1813.

7. ELISABETH, * 16 oct. 1815, † . . . .

8. ANNE, * 28 sept. 1818, † 11 janv. 1848,
 ✕ 19 févr. 1844, JACQUES GEBHARDT, imprimeur, * 24 déc. 1820,
 † 15 déc. 1866, de MICHEL GEBHARDT et de CATHERINE BECK.

9. ANNE-MARIE, * 1ᵉʳ mars 1821, † 23 févr. 1893,
 ✕ 4 juin 1849, JACQUES GEBHARDT, son beau-frère qui précède.

Notes. — PIERRE STEINBACH, journalier, à Illzach.

Nº 151

FRÉDÉRIC STEINBACH, fils de FRÉDÉRIC, Nº 118

* 21 mai 1775, à Mulhouse, † 30 déc. 1821, à Mulhouse

✕ 10 pluviôse an VIII, à Mulhouse

URSULE DIETSCH, * 14 août 1774, † après 1821,
fille de JACQUES DIETSCH et d'URSULE STEINER.

Enfants :

1. JEAN-JACQUES, * 7 brumaire an IX, † 8 mars 1829, célibataire.

2. JEAN-FRÉDÉRIC, * 25 germinal an XI, † 28 messidor an XI.

3. FRÉDÉRIC, * 12 juillet 1807, † . . . .

4. EDOUARD, * 22 août 1813, † 16 juin 1824.

Notes. — FRÉDÉRIC STEINBACH, graveur sur bois, à Mulhouse.

— 140 —

N° 152

CONRAD STEINBACH, fils de FRÉDÉRIC, N° 118

* 21 févr. 1780, à Mulhouse, † 11 août 1832, à Mulhouse

╳ 27 vendémiaire an X, à Mulhouse

MARIE-MADELEINE AMSLER, * 21 nov. 1780, † 16 déc. 1846,
fille de JACQUES AMSLER et de ROSINE JUNGHAEN.

Enfants :

1. CAROLINE, * 25 thermidor an X, † 18 avril 1882, à Rixheim,
    ╳ 8 oct. 1825, JEAN-GEORGES WEBER, imprimeur d'indiennes,
    * 13 nov. 1800, à Illzach, † 9 mars 1852, à Mulhouse, de
    NICOLAS WEBER, imprimeur, et d'ELISABETH LOESCHER.

2. MADELEINE, * 25 floréal an XII, † 4 févr. 1858,
    ╳ 21 nov. 1827, NICOLAS KAMMERER, imprimeur d'indiennes, * 5 juin
    1793, † 13 déc. 1869, de NICOLAS KAMMERER et d'ELISABETH
    SCHMIDT.

3. FRÉDÉRIC, N° 190, * 15 sept. 1808, † 1er mars 1882,
    ╳ 7 juill. 1842, MARIE-SALOMÉ BURGHART, * 20 prairial an XIII,
    † 16 juin 1863.

4. ELISABETH, * 14 déc. 1811, † 11 févr. 1875,
    ╳ 23 juill. 1835, JEAN BIEHLER, laitier, * 29 oct. 1807, † 16 juin
    1863, de JEAN BIEHLER et d'ELISABETH UHLMANN.

5. ROSINE, * 5 déc. 1813, † 21 juin 1896,
    ╳ 12 août 1844, FRÉDÉRIC KALTENBACH, mécanicien, * 14 nov. 1820,
    † 28 déc. 1897, de PIERRE KALTENBACH et d'ELISABETH HOFFMANN.

6. CHARLES, * 27 nov. 1815, † 3 mai 1817.

7. JUDITH, * 11 sept. 1819, † 27 oct. 1903,
    ╳ 27 juin 1844, JOSEPH-FERDINAND GATTY, dessinateur, * 17 oct.
    1821, à Burgfelden, † 3 avril 1880, à Mulhouse, d'ANDRÉ
    GATTY et d'ANNE-MARGUERITE UEBELIN.

Notes. — CONRAD STEINBACH, graveur sur bois, à Mulhouse.

— 141 —

N° 153

JEAN STEINBACH, fils de FRÉDÉRIC, N° 118

* 7 avril 1792, à Thann, † avant 1845

✕ 7 mars 1816, à Mulhouse

JUDITH ROTH, * 21 juill. 1782, † 7 nov. 1845,
 fille de PHILIPPE ROTH, coloriste, et de BARBE STUDER; veuve
 de PHILIPPE-JACQUES ZIMMER, graveur sur bois.

Enfants :

1. JUDITH, * 7 juill. 1816, † 11 oct. 1825.

2. ELISABETH, * 9 oct. 1820, † 8 juin 1821.

Notes. — JEAN STEINBACH, imprimeur d'indiennes, né à Thann, s'établit à Mulhouse, mais mourut au dehors.

N° 154

LUCAS STEINBACH, fils de LUCAS, N° 121

* 11 janv. 1776, à Mulhouse, † 30 avril 1813, à Mulhouse

✕ 6 pluviôse an IX, à Mulhouse

CHRISTINE HAURY, * 6 mars 1768, † 29 sept. 1822,
 fille de JEAN-HENRY HAURY et de ROSINE STEINBACH
 (N° 105, § 1).

Enfant :

1. JEAN, * 1ᵉʳ brumaire an X, † . . . .

Notes. — LUCAS STEINBACH, graveur sur bois, à Mulhouse.

N° 155

MARTIN STEINBACH, fils de LUCAS, N° 121

* 24 juin 1781, à Mulhouse, † 4 mai 1825, à Mulhouse

✕ 18 déc. 1809, à Mulhouse

ANNE-MARIE-MADELEINE WEISSHAAG, * 27 mars 1780, à Schopf-
heim (Bade), † 15 janv. 1840,
fille d'André Weisshaag et de Suzanne Frölich.

Enfants :

1. Marie-Madeleine, * 18 oct. 1810, † 15 mai 1841.

2. Charles-Henry, * 22 mai 1815, † 29 juin 1816.

3. Albert, * 23 mars 1821, † 17 févr. 1841.

Notes. — Martin Steinbach, imprimeur typographe, à Mulhouse, travailla pendant quelque temps chez Jean Risler, puis ouvrit un atelier typographique avec Jean-Chrétien Meininger, libraire ; l'affaire ne subsista que peu d'années.

N° 156

JEAN-HENRI STEINBACH, fils de JEAN, N° 122

* 12 nov. 1784, à Illzach, † 16 mars 1856, à Mulhouse

✕ 18 nov. 1808, à Mulhouse

I. ANNE-BARBE ROTT, * 14 févr. 1785, à Mulhouse, † 19 févr.
1811, à Mulhouse,
    fille de Nicolas Rott, tailleur, et d'Anne-Catherine
    Schmalzer;

✕ 25 juill. 1811, à Mulhouse

II. ELISABETH STEFFAN, * 18 juill. 1786, † . . . .
    fille de Jean-Henri Steffan et de Sybille Risler.

I. Enfants :

1. Rosine, * 22 févr. 1809, † 3 déc. 1842, célibataire.

2. Henry, * 22 juill. 1810, † 23 déc. 1814.

II. Sans Enfants.

Notes. — Jean-Henry Steinbach, boulanger, originaire d'Illzach, s'établit à Mulhouse,
par suite de son premier mariage.

N° 157

JEAN-HENRI STEINBACH, fils d'ADAM, N° 123

* 7 mars 1783, à Illzach, † 10 mars 1861, à Illzach

✕ 20 nov. 1826, à Illzach

MARIE ZIMMERMANN, * en 1785, à Dambach, † 2 avril 1860, à Illzach,

fille de JEAN ZIMMERMANN, fermier, et de BARBE STÜCKY;
veuve de PIERRE TSCHANTZ.

Enfant :

1. CAROLINE, * 3 mai 1826, † 9 mai 1826.

Notes. — JEAN-HENRI STEINBACH, cuvelier, à Illzach, se maria sur le tard. Une annotation du registre des mariages constate que ce fut contre la volonté des parents de la femme, qui avait alors 41 ans et était veuve.

N° 158

PIERRE STEINBACH, fils d'ADAM, N° 123

* en 1786, à Illzach, † 28 juin 1855, à Illzach

✕ 21 juill. 1810, à Illzach

BARBE BIRGENBEIL, * 9 févr. 1788, † 18 janv. 1841,

fille de JACQUES BIRGENBEIL et de CATHERINE NIFENECKER.

I. Enfants :

1. BARBE, * 3 janv. 1811, † 19 mars 1834.
   ✕ ...., JACQUES GLAETTY, * ...., † ....
2. PIERRE, * 1er juin 1818, † 20 août 1818.
3. ANNE, * 17 févr. 1821, † ....
   ✕ 2 sept. 1839, NICOLAS WIDMER, imprimeur d'indiennes, * 20 févr. 1816, † ...., de FRIDOLIN WIDMER, journalier, et d'ANNE GEYELIN.
4. PIERRE, * 3 nov. 1824, † 11 mai 1844; imprimeur sur toiles.

Notes. — PIERRE STEINBACH, imprimeur d'indiennes, à Illzach.

N° 159

JEAN STEINBACH, fils de JEAN, N° 124

* 7 juin 1788, à Illzach, † 26 juill. 1855, à Mulhouse

× 11 juin 1818, à Illzach

ANNE-MARIE LAEDERICH, * 21 janv. 1796, à Illzach, † 20 févr. 1846, à Mulhouse.

Enfants :

1. JEAN, * 16 mai 1819, † 15 juin 1824.

2. HENRY, * 9 janv. 1821, † 11 janv. 1830.

3. JEAN, * 8 janv. 1825, † 5 févr. 1861, à Mulhouse, menuisier; célibataire.

4. ADÈLE, * 19 oct. 1830, à Mulhouse, † 15 avril 1857, à Mulhouse; célibataire.

5. EMILE, * 28 mars 1835, † 26 mai 1855, à Mulhouse, menuisier; célibataire.

6. CHARLES, N° 191, * 16 mars 1837, † 7 juill. 1875,
× 10 nov. 1864, AMÉLIE STEINBACH (N° 160, § 10), * 14 mai 1837, † 14 avril 1896.

7. EUGÉNIE, * 3 mai 1840, † 7 juill. 1842.

Notes. — JEAN STEINBACH, menuisier, à Illzach, s'établit à Mulhouse, vers 1830.

N° 160

JEAN-ANTOINE STEINBACH, fils de JEAN, N° 124

* 22 août 1798, à Offenbach (Hesse), † 15 févr. 1842, à Mulhouse

× 21 mars 1822, à Illzach

CATHERINE STERN, * 14 juill. 1798, † 25 juill. 1866,
fille de CHRÉTIEN STERN et de MADELEINE KOENIG.

Enfants :

1. CATHERINE, * 1ᵉʳ juill. 1820, † 17 juill. 1875, à Mulhouse,
   × 6 avril 1848, JACQUES GULL, voiturier, * 8 nov. 1819, à Pfastatt,
   † après 1875, de GASPARD GULL et de MADELEINE MEYER.

2. CHRÉTIEN, N° 192, * 23 oct. 1822, † 20 oct. 1850, à Mulhouse,
   × 18 févr. 1850, à Mulhouse, SALOMÉ AMBACHER, * 18 mai 1826,
   † 21 janv. 1885.

3. ROSINE, * 25 janv. 1824, † 17 janv. 1875, à Mulhouse ; célibataire.

4. MARIE, * 23 janv. 1825, † . . . .

5. PAUL, * 12 déc. 1826, † 18 déc. 1826.

6. PAUL, * 8 juin 1828, † 22 janv. 1831.

7. ELISE, * 19 juill. 1830, † 22 mars 1896, à Mulhouse ; célibataire.

8. PAUL, N° 193, * 27 avril 1832, † . . . .
   × 12 sept. 1863, à Mulhouse, MARIE BADER, * 9 nov. 1835,
   † . . . .

9. CAROLINE, * 1ᵉʳ févr. 1835, † 29 juin 1893, à Mulhouse,
   × . . . ., GEORGES REYL, relieur, * . . . ., † . . . .

10. AMÉLIE, * 14 mai 1837, † 14 avril 1896, à Mulhouse,
    × 10 nov. 1864, à Mulhouse, CHARLES STEINBACH (N° 191),
    * 16 mars 1837, † 7 juill. 1875.

Notes. — JEAN-ANTOINE STEINBACH, menuisier, à Illzach.

N° 161

JEAN STEINBACH, fils de JEAN, N° 125

* 29 juin 1795, à Illzach, † . . . .

$\times$ 12 juill. 1819, à Illzach

I. SALOMÉ GRUMLER, * 19 floréal an VII, à Mulhouse, † 15 févr.
1827, à Lutterbach,
fille de Thiébaut Grumler et de Barbe Grosheintz.

$\times$ 31 déc. 1836, à Mulhouse

II. ELISABETH IMHOFF, * 14 nov. 1802, à Mulhouse, † . . . .
fille de Jean Imhoff et de Catherine Lambert; veuve de
Frédéric Thaler, contremaître († 6 déc. 1830, à Mulhouse).

I. Enfants (nés à Lutterbach) :

1. Thiébaut, N° 194, * 13 déc. 1819, † . . . .
$\times$ 18 juill. 1850, I. Sophie Zinck, * 12 mai 1829, † . . . .
$\times$ . . . . , II. Sophie Grosheintz, * en 1828, † . . . .

2. Jean, * 3 déc. 1820, † . . . .

3. Catherine, * 9 déc. 1822, † 21 déc. 1823.

4. Catherine, * 9 avril 1825, † 31 août 1825.

5. Frédéric, * 4 janv. 1827, † 25 juill. 1827.

II. Sans Enfants.

Notes. — Jean Steinbach, imprimeur d'indiennes, à Illzach, puis à Lutterbach, où sa
première femme était déjà domiciliée lors du mariage. Il quitta Lutterbach vers 1830, mais
nous ignorons où il se fixa.

N° 162

BENOIT STEINBACH, fils de FRÉDÉRIC, N° 126
* 4 déc. 1793, à Illzach, † 12 déc. 1864, à Illzach

✕ 9 avril 1818, à Illzach

URSULE STERN, * 29 mai 1792, † 4 juill. 1862,
 fille de JEAN-JACQUES STERN et d'ELISABETH STEINBACH
 (N° 115, § 1).

Enfants :

1. FRÉDÉRIC, * 7 janv. 1819, † 22 mai 1846, à Mulhouse, graveur sur
   bois ; célibataire.

2. BENOÎT, N° 195, * 7 août 1821, † 4 avril 1853,
   ✕ 5 nov. 1846, ROSINE MULLER, * 1ᵉʳ janv. 1826, † en 1883.

3. EUGÈNE, N° 196, * 29 déc. 1831, † 4 févr. 1890, à Mexico,
   ✕ 20 sept. 1856, I. MARIE BIEHLER, * 5 août 1835, † 16 févr.
   1870 ;
   ✕ 18 févr. 1873, II. THÉRÈSE-BERTHE BIBER, 1ᵉʳ juill. 1845, † 28 oct.
   1911.

Notes. — BENOÎT STEINBACH, graveur sur bois, à Illzach.

N° 163

FRÉDÉRIC STEINBACH, fils de FRÉDÉRIC, N° 126

* 9 févr. 1797, à Illzach, † en 1860, à Cernay

✕ 13 nov. 1820, à Illzach

FRANÇOISE-ELISABETH GRESSARD, * 11 sept. 1790, † avant 1860,
à Thann,
fille de FRÉDÉRIC GRESSARD, de Badevel, et de CATHERINE
RUET, de Brognard, domiciliés à Lutterbach.

Enfants (nés à Lutterbach):

1. FRÉDÉRIC, N° 197, * 14 nov. 1821, † 26 févr. 1892,
    ✕ ...., ELISABETH FUCHS, * en 1825, † 19 avril 1895.

2. JEAN, * 1er févr. 1825, † 2 févr. 1825.

3. JACQUES, * 15 janv. 1826, † 19 juin 1884, à Mulhouse, graveur sur
    rouleaux; célibataire.

4. ELISABETH, * 26 déc. 1827, † ....

5. EDOUARD, * 13 mars 1830, † ....

Notes. — FRÉDÉRIC STEINBACH, imprimeur d'indiennes, puis teinturier, originaire
d'Illzach, se fixa à Lutterbach, puis à Thann et Cernay.

N° 164

FRÉDÉRIC STEINBACH, fils de JEAN-HENRI, N° 127

* 30 nov. 1798, à Illzach, † 28 avril 1878, à Illzach

✕ vers 1818, à Winterthur (Suisse)

MADELEINE MEYER, * en 1792, à Winterthur, † 4 sept. 1859, à
Illzach,
fille de JEAN MEYER et de MADELEINE VOGT.

Enfants :

1. ELISABETH, * 5 sept. 1819, à Winterthur, † 2 juin 1887, à Modenheim,
   ✕ 22 avril 1852, JULES-CÉSAR STEINBACH (**N° 212**), * 11 juill. 1824,
   † 22 déc. 1883.

2. HENRI, * en 1820, à Winterthur, † 28 nov. 1844, à Illzach, graveur
   sur bois; célibataire.

3. MADELEINE, * 5 févr. 1823, à Winterthur, † 10 juin 1909, à Mulhouse,
   ✕ 16 juill. 1846, à Illzach, FRÉDÉRIC PERRET, graveur sur bois,
   * 1ᵉʳ avril 1823, † ...., à Illzach, de FRÉDÉRIC PERRET
   et de CATHERINE GEYELIN.

4. CATHERINE, * 7 mars 1826, † 16 mars 1826, à Illzach.

5. PIERRE, * 27 juill. 1827, † 29 oct. 1827, à Illzach.

6. PIERRE, **N° 198**, * 18 déc. 1828, † 7 oct. 1890,
   ✕ 16 déc. 1852, EUGÉNIE MERGY, * 23 sept. 1828,

7. URSULE, * 25 sept. 1830, † 28 mars 1900, à Illzach,
   ✕ 21 sept. 1854, à Illzach, HENRI WALTER, marchand de vins,
   * 3 juin 1828, † après 1900, de JEAN-HENRI WALTER, graveur
   sur bois, et de ROSINE STEINBACH (**N° 141, § 5**).

Notes. — FRÉDÉRIC STEINBACH, imprimeur d'indiennes, vécut pendant quelques années
à Winterthur, puis revint à Illzach, vers 1826.

N° 165

HENRY STEINBACH, fils de JEAN-HENRI, N° 127

* 27 germinal an X, à Illzach, † 7 janv. 1870, à Mulhouse

╳ 5 juill. 1824, à Illzach

ELISABETH NOETZLY, * 12 mars 1804, à Mulhouse, † avant 1893,
fille de CONRAD NOETZLY, imprimeur, à Winterthur, et
d'ELISABETH MEYER.

Enfants :

1. MADELEINE, * 22 juill. 1825, † 4 oct. 1875, à Mulhouse,
   ╳ 10 nov. 1845, à Illzach, I. LOUIS SIEGLER, brasseur-tonnelier,
   * 7 août 1823, à Ribeauvillé, † 29 janv. 1862, à Ribeauvillé,
   de CHRISTOPHE SIEGLER, tonnelier et de MADELEINE TRABER ;
   ╳ après 1862, II. GEORGES DOTTERER, tonnelier, * ·······,
   † 11 juin 1868, à Ribeauvillé ;
   ╳ 5 juin 1869, à Mulhouse, III. EMILE ERNST, régleur, à Mulhouse,
   * 8 mai 1844, à Rixheim, † après 1875, de DANIEL ERNST et
   de MARIE-ANNE SCHANNO.

2. LISETTE, * 19 juin 1827, † 16 juin 1847, célibataire.

3. HENRI, * 12 sept. 1828, † 12 juin 1829.

4. CATHERINE, * 16 nov. 1830, † 31 mai 1849, célibataire.

5. FRÉDÉRIC, N° 199, * 7 juin 1837, † 10 févr. 1905, à Mulhouse,
   ╳ 3 déc. 1864, I. ROSINE HAUSMANN, * 2 nov. 1839, † 31 juill.
   1900 ;
   ╳ 14 oct. 1893, II. CÉLINE KAMMACHER, * 26 janv. 1826, † 18 juin
   1901.

6. EMILE, N° 200, * 14 févr. 1840, † 18 déc. 1875,
   ╳ 8 août 1868, CATHERINE-ELISABETH GROTZ, * 18 août 1847,

Notes. — HENRY STEINBACH, graveur sur bois, à Illzach, alla se fixer à Sainte-Marie-aux-Mines, après 1830, puis vint, une vingtaine d'années après, à Mulhouse.

N° 166

JEAN-ULRIC STEINBACH, fils de JEAN, N° 128

* 11 déc. 1796, à Illzach, † 26 avril 1856, à Illzach

× 7 nov. 1822, à Illzach

ANNE-MARIE STAMM, * 18 sept. 1800, à Mulhouse, † 7 mars 1870,
à Illzach,
fille de SAMUEL STAMM et d'ANNE-MARIE VOGEL.

Enfants :

1. ANNE-MARIE, * 2 août 1814, † . . . . ,
   × 2 sept. 1844, AUGUSTE LIDY, boulanger, * 9 août 1822, à Pfastatt,
   † . . . . , d'AUGUSTIN LIDY, boulanger, et d'ANNE-MARIE
   FASSNACHT.

2. SAMUEL, * 1ᵉʳ avril 1827, † 28 mai 1840, lithographe, célibataire.

3. JULIE, * 30 mai 1833, † 22 août 1833, à Burtzwiller.

4. ROSINE, * 22 mai 1836, † 13 juill. 1836.

5. ALBERT, N° 201, * 14 août 1840, † 17 mars 1910,
   × 20 avril 1868, I. BARBE SCHMIDT, * 28 févr. 1845, † 9 sept.
   1869 ;
   × 2 juill. 1883, II. MARIE-LOUISE MEYER, * 12 juin 1836,

Notes. — JEAN-ULRIC STEINBACH, imprimeur sur toiles, à Illzach-Burtzwiller.

N° 167

JACQUES STEINBACH, fils de JEAN, N° 128

* 3 nivôse an IX, à Illzach, † 21 oct. 1858, à Illzach

✕ 19 avril 1827, à Illzach

ANNE-CATHERINE KAMMERER, * 9 frimaire an XI, † 25 févr. 1881,
fille de JEAN KAMMERER, et d'ANNE-CATHERINE GOETZ.

Enfants :

1. CATHERINE, * 16 août 1827, † . . . .

2. EDOUARD, * 7 avril 1830, † 18 déc. 1846.

3. JACQUES, * 12 août 1832, † 20 mai 1833,

4. JACQUES, N° 202, * 27 sept. 1834, † 23 oct. 1868,
   ✕ 16 févr. 1860, EUGÉNIE WALTER, * 1er nov. 1831, † 1er janv.
   1868.

5. LOUISE, * 28 déc. 1836, † 26 mai 1900, célibataire.

6. AMÉLIE, * 22 juill. 1839, † 24 févr. 1905,
   ✕ 28 déc. 1865, EDOUARD STERN, imprimeur d'indiennes, * 5 mars
   1837, † . . . ., de JEAN-ULRIC STERN, jardinier, et de BARBE
   STEINBACH (N° 189, § 2).

7. EUGÉNIE, * 3 nov. 1841,

8. EUGÈNE, N° 203, * 6 nov. 1844,
   ✕ 28 avril 1870, CAROLINE REINHARD, * 22 nov. 1842.

Notes. — JACQUES STEINBACH, imprimeur sur toiles, à Illzach.

N° 168

HENRY STEINBACH, fils de JEAN, N° 128

* 12 pluviôse an XII, à Illzach, † 9 juill. 1890, à Mulhouse

✕ 20 févr. 1826, à Illzach

JUDITH FICKER, * 30 janv. 1803, à Mulhouse, † avant 1890,
fille de JACQUES FICKER et de SUZANNE FREY.

Enfants :

1. HENRIETTE, * 13 juin 1826, à Illzach, † 30 août 1834, à Cernay.

2. HENRY, * 3 août 1829, à Mulhouse, † 7 mars 1830, à Mulhouse.

3. SOPHIE, * 9 mai 1833, à Mulhouse, † 16 mai 1833, à Mulhouse.

4. JUDITH-JULIE-SUZANNE, * 23 août 1836, à Cernay, † 2 sept. 1836, à
   Cernay.

5. EUGÉNIE, * 7 mai 1839, à Mulhouse.

Notes. — HENRY STEINBACH, imprimeur d'indiennes, à Illzach, à Cernay, puis à Mulhouse.

— 155 —

N° 169

JEAN STEINBACH, fils de FRÉDÉRIC, N° 129

* 26 août 1798, à Illzach, † 25 mai 1850, à Illzach

✕ 8 déc. 1823, à Illzach

ELISABETH STERN, * 1er juin 1802, † 10 févr. 1885,
fille de JEAN STERN, cultivateur, et de MADELEINE GEYELIN.

Enfants :

1. CHARLES, **N° 204**, * 5 févr. 1824, † 25 juin 1904,
   ✕ 12 sept. 1850, BARBE KOENIG, * 7 avril 1826,

2. HENRY-EMILE, **N° 205**, * 20 nov. 1825, † 12 juin 1872,
   ✕ 3 août 1854, CATHERINE WEHRLIN, * 9 mai 1828, † 1er oct. 1879.

3. ABEL, **N° 206**, * 15 sept. 1827, † 5 août 1885,
   ✕ 5 oct. 1854, BARBE KLIPPSTIEHL, * 3 mai 1831, † 2 mai 1908.

4. ROBERT, * 29 oct. 1829, † 22 mai 1830.

5. MADELEINE-ELISE, * 3 mai 1834, † 5 nov. 1836.

6. ELISE-MADELEINE, * 7 sept. 1838, † · · · · · · ·
   ✕ 4 févr. 1858, EUGÈNE PERSOHN, graveur sur rouleaux, * 7 mai
   1836, † 18 nov. 1910, de JEAN PERSOHN, graveur sur rouleaux,
   et d'ELISABETH REINHARD.

7. JEAN-FRÉDÉRIC, * 2 avril 1841,

Notes. — JEAN STEINBACH, graveur-moletteur, fut adjoint au maire de 1848 à 1850,
puis maire d'Illzach en 1850.

N° 170

JEAN-ULRIC STEINBACH, fils de FRÉDÉRIC, N° 129

* 17 nivôse an IX, à Illzach, † 2 oct. 1878, à Mulhouse

✕ 5 juin 1826, à Illzach

CATHERINE MULLER, * 25 brumaire an XI, † avant 1878,
fille de JEAN MULLER, tisserand, et de CLÉOPHÉE STEINBACH,
(N° 115, § 2).

Enfants :

1. THÉODORE, N° 207, * 26 févr. 1827, † avant 1870,
✕ 18 mai 1861, à Glasgow, MARIE-CATHERINE DUCHÈNE, * 4 juin
1830, à Brunstatt, † avant 1870.

2. SOPHIE, * 25 janv. 1829, † 18 janv. 1910, à Mulhouse,
✕ 14 juin 1852, à Mulhouse, PIERRE-ALEXANDRE MANSBENDEL,
coiffeur, * 2 févr. 1826, † 20 févr. 1894, de NICOLAS MANS-
BENDEL et d'ELISABETH WILLY.

3. ROSINE, * 27 juill. 1832, † 8 mai 1834.

4. CAMILLE, N° 208, * 15 déc. 1835, † 7 févr. 1888,
✕ 2 juin 1860, à Mulhouse, LOUISE PRANG, * 11 avril 1836,
† 18 nov. 1883.

5. EUGÈNE, * 15 juill. 1840, à Mulhouse, † 21 avril 1841, à Mulhouse.

Notes. — JEAN-ULRIC STEINBACH, graveur sur bois, à Illzach, puis contremaître
teinturier à Mulhouse.

GEORGES STEINBACH, fils de JEAN-ULRIC, N° 130

* 18 févr. 1809, à Illzach, † 9 févr. 1841, à Illzach

✕ 18 juill. 1833, à Illzach

URSULE WALTER, * 17 sept. 1810, † 28 nov. 1860,
fille de JEAN-ULRIC WALTER, cultivateur, et d'ELISABETH
STEINBACH (**N° 113, § 6**).

Enfants :

1. AMÉLIE, * 16 févr. 1834, † 12 janv. 1835.

2. AMÉLIE, * 8 mai 1836, † 24 août 1836.

3. GEORGES-THÉOPHILE, **N° 209**, * 19 févr. 1838, † 27 sept. 1893,
✕ 10 janv. 1867, MARIE-JOSÉPHINE SPINDLER, * 22 oct. 1845,

4. ALPHONSE, * 2 avril 1839,

Notes. — GEORGES STEINBACH, graveur sur rouleaux, à Illzach.

N° 172

JEAN-MICHEL STEINBACH, fils de PIERRE, N° 133

* 14 mars 1788, à Mulhouse, † 3 mars 1811, à Mulhouse

✕ 15 sept. 1808, à Cernay

ANNE-BARBE LEIDIG, * 31 mai 1787, † 29 mai 1811,
fille d'EMANUEL LEIDIG, graveur, et d'ANNE-BARBE BÖGLER.

Enfant :

1. ANNE, * 14 avril 1809, à Cernay, † 24 juin 1811, à Mulhouse.

Notes. — JEAN-MICHEL STEINBACH, imprimeur d'indiennes, à Mulhouse. A été temporairement à Cernay.

N° 173

MARTIN STEINBACH, fils de MARTIN, N° 134

* 20 déc. 1775, à Mulhouse, † 4 août 1829, à Mulhouse

✕ 12 messidor an IX, à Mulhouse

ANNE KOENIG, * 30 juill. 1777, à Illzach, † après 1829,
fille de FRÉDÉRIC KOENIG et de CATHERINE PERSOHN.

Enfant :

1. ANNE, * 8 prairial an X, † 15 mars 1858,
✕ 8 juin 1844, à Illzach, DAVID JECKO, * 1ᵉʳ avril 1806, à Lambach
(Meurthe), † après 1858, d'ETIENNE JECKO et de JEANNE DEMMER.

Notes. — MARTIN STEINBACH, cordonnier, à Mulhouse.

N° 174

JEAN STEINBACH, fils de JEAN-GASPARD, N° 137

* 26 août 1786, à Mulhouse, † 3 juin 1872, à Mulhouse

× 6 avril 1815, à Mulhouse

I. ANNE-BARBE SCHWARTZ, * 5 avril 1790, † 25 mars 1823,
  fille de PAUL SCHWARTZ, fabricant, et d'ANNE-BARBE WEBER;

× 8 avril 1824, à Illzach

II. ANNE-BARBE LAEDERICH, * 4 mai 1797, à Illzach, † 3 déc.
  1878, à Mulhouse,
  fille de PIERRE LAEDERICH, amidonnier, et de MARGUERITE
  BENNER.

I. Enfants :

1. JEAN, N° 210, * 25 juin 1816, † 5 nov. 1857,
  × 11 juin 1840, MARIE-LOUISE LAEDERICH, * 25 nov. 1819, † 9 déc.
  1841.

2. BARBE-EMILIE, * 18 avril 1822, † 28 déc. 1847, célibataire.

II. Enfants :

3. JEAN-JACQUES, * 26 janv. 1826, † en janv. 1886, célibataire, à Nice.
  Amidonnier, au Petit-Quévilly, près Rouen.

4. GUSTAVE, * 27 sept. 1827, † 17 nov. 1828.

5. GUSTAVE, * 1er déc. 1829, † 14 févr. 1831.

6. ELMIRE, * 16 juill. 1831,
  × 5 mai 1855, HENRI HAEFFELY, amidonnier, à Mulhouse, * 15 août
  1825, † 9 juill. 1879, de HENRI HAEFFELY et d'ELISABETH
  AMSLER.

7. SOPHIE, * 3 janv. 1833, † 25 juin 1833.

8. SOPHIE, * 14 nov. 1834, † 22 sept. 1909, célibataire, à Grenoble.

JEAN STEINBACH
(No 174)

II. ANNE-BARBE LAEDERICH

9. Marguerite, * 29 mars 1836, † 16 mai 1893,
   × 28 déc. 1872, Jean-Georges Grumler, droguiste, * 28 déc. 1835,
      † 18 févr. 1882, de Jean-Georges Grumler et de Rosine
      Dollfus.

10. Pierre-Alphonse, **N° 211**, chimiste, * 3 nov. 1837,
   × 3 janv. 1874, Anne-Marguerite Krause, * 3 nov. 1849,

11. Jules, * 5 août 1839, † 7 janv. 1871, célibataire. Négociant.

Notes. — Jean Steinbach était maréchal-ferrant et propriétaire à Mulhouse.

N° 175

ULRIC STEINBACH, fils de JEAN-ULRIC, **N° 139**

* 24 sept. 1806, à Illzach, † 3 juill. 1849, à Mulhouse

× 25 juill. 1831, à Illzach

MARIE GEYELIN, * 5 mars 1809, † après 1849,
   fille de Jean Geyelin, propriétaire, et d'Elisabeth Perret.

Enfants :

1. Elisabeth, * 22 avril 1832, † 14 juin 1883, à Mulhouse;
   × 2 sept. 1858, Jean-Ulric Schoen, horloger, à Mulhouse, * 3 janv.
      1833, † 22 nov. 1876, de Jean-Ulric Schoen et d'Elisabeth
      Walter.

2. Marie, * 31 mai 1833, † 7 avril 1895, à Mulhouse,
   × 1er sept. 1853, Charles-Théodore Schiess, * 28 janv. 1825, à
      Cusel (Bavière Rhénane), † 29 nov. 1885, à Mulhouse, de
      Frédéric-Louis Schiess, receveur d'enregistrement, et de Caro-
      line Kirsch.

3. Camille, * 19 déc. 1836, à Mulhouse, † 20 juill. 1837, à Mulhouse.

Notes. — Ulric Steinbach, contremaître imprimeur, à Illzach, puis à Mulhouse.

N° 176

CONRAD STEINBACH, fils de THIÉBAUT, N° 140

* 28 frimaire an X, à Illzach, † 25 oct. 1877, à Mulhouse

╳ 30 août 1827, à Mulhouse

SALOMÉ ENTZ, * 27 août 1801, à Mulhouse, † 30 déc. 1871, à Mulhouse,
fille de THIÉBAUT ENTZ et de SALOMÉ SUTTER.

Enfants :

1. CHARLES-HENRY, N° 212, * 27 juill. 1828, † en 1872,
   ╳ en 1858, JOSÉPHINE BEGER, * . . . .

2. ADELAÏDE, * 16 déc. 1830, † 28 févr. 1905, célibataire.

3. EMILE, * 8 févr. 1832, † 26 sept. 1833.

4. EMILE-THIÉBAUT, * 1ᵉʳ juill. 1834, † 2 juill. 1834.

5. EMILIE-ROSINE, * 7 juill. 1835, † 10 août 1836.

6. CAROLINE, * 22 mai 1837, † 24 oct. 1867, célibataire.

7. SOPHIE, * 27 sept. 1838,
   ╳ . . . ., à Niederbronn, FRÉDÉRIC FRŒLICH, cultivateur, à Niederbronn.

8. JULIE, * 3 avril 1840, célibataire,

Notes. — CONRAD STEINBACH, boulanger, d'Illzach, s'établit à Mulhouse.

N° 177

JACQUES STEINBACH, fils de Thiébaut, N° 140

* 31 mars 1806, à Illzach, † 9 oct. 1887, à Illzach

✕ 30 déc. 1832, à Illzach

BARBE NIFENECKER, * 26 févr. 1806, † 1er janv. 1879,
  fille d'Alexandre Nifenecker, et d'Anne-Barbe Steinbach
  (**N° 97**, § 4).

Enfants :

1. Eugène, * 29 avril 1834, † 21 janv. 1837.

2. Camille, * 27 janv. 1836, † 19 mars 1836.

3. Barbe, * 10 déc. 1838, † vers 1907, à Pfastatt,
  ✕ 7 juin 1877, Louis Diné, imprimeur, * 8 oct. 1839, de Pierre
  Diné et de Catherine Schlosser.

Notes. — Jacques Steinbach, imprimeur sur toiles, à Illzach.

Nº 178

JACQUES STEINBACH, fils de JEAN-ULRIC, Nº 142

* 27 oct. 1792, à Illzach, † 12 avril 1861, à Illzach

✕ 16 mars 1820, à Illzach

CATHERINE SENGELIN, * 18 déc. 1793, † 4 févr. 1870,
fille de JEAN-MICHEL SENGELIN, boulanger, et de CATHERINE
GRUMLER.

Enfants :

1. JACQUES, * 8 août 1820, † 21 août 1820.

2. SOPHIE, * 16 déc. 1821, † 15 avril 1867, célibataire.

3. GUSTAVE, * 22 déc. 1822, † 20 janv. 1841, à Moscou; célibataire. Coloriste, maison Jean Steinbach.

4. JULES-CÉSAR, Nº 213, * 11 juill. 1824, † 22 déc. 1883,
✕ 22 avril 1852, ELISABETH STEINBACH (Nº 164, § 1), * 5 sept. 1819, † 2 juin 1887.

5. GUTBERT, Nº 214, * 4 sept. 1825, † 8 déc. 1904,
✕ 22 avril 1852, ANNE PERRET, * 18 janv. 1831,

6. MICHEL, * 28 sept. 1827, † 20 janv. 1830.

7. JACQUES, * 21 juill. 1829, † 22 déc. 1870, moletteur; célibataire.

8. CÉCILE, * 15 févr. 1835, † 3 févr. 1898,
✕ 26 janv. 1860, ENGELHARD MULLER, peintre, * 31 août 1830,
† 3 févr. 1889, de JEAN MULLER, tisserand, et de BARBE MULLER.

Notes. — JACQUES STEINBACH, graveur sur bois, à Illzach.

— 164 —

N° 179

JEAN-ULRIC STEINBACH, fils de JEAN-ULRIC, N° 142

* 30 nov. 1795, à Illzach, † 4 janv. 1873, à Modenheim

✕ 19 oct. 1820, à Mulhouse

ANNE STEFFAN, * 26 août 1797, à Mulhouse, † avant 1873, à
Paris,
fille de DANIEL STEFFAN, boucher, et d'ANNE CORNETZ.

Sans Enfants.

Notes. — JEAN-ULRIC STEINBACH, moletteur, à Modenheim.

N° 180

PIERRE STEINBACH, fils de JEAN-ULRIC, N° 142

* 31 mars 1798, à Illzach, † 15 nov. 1859, à Illzach

✕ 4 mai 1820, à Illzach

ELISABETH STEINBACH, * 29 vend. an XI, † 30 juill. 1838,
fille de PIERRE STEINBACH (N° 143), et d'ANNE-BARBE
STEINBACH (N° 109, § 1).

Enfants :

1. ELISABETH, * 10 avril 1820, † 11 nov. 1903, célibataire.

2. FERDINAND, * 26 avril 1822, † 17 janv. 1830.

3. CAROLINE, * 29 avril 1826, † . . . .
✕ vers 1850, JEAN-JACQUES STERN, cultivateur, * . . . . . . , † . . . . . .

4. FERDINAND, N° 215, * 10 févr. 1830,
✕ . . . . , I. N . . . . . N . . . . . ;
✕ . . . . , II. N . . . . . N . . . . . .

5. ADÈLE, * 5 mai 1833, † 29 déc. 1842.

6. EMILIE, * 23 sept. 1837, † 30 août 1838.

Notes. — PIERRE STEINBACH, graveur, à Illzach, puis cultivateur.

ACHILLE STEINBACH
(Nᵒ 181)

N° 181

ACHILLE STEINBACH, fils de JEAN-ULRIC, N° 142

* 21 juin 1810, à Illzach, † 8 mai 1876, à Illzach

✕ 28 févr. 1855, à Mülheim a/Ruhr

FRÉDÉRIQUE-FRANÇOISE-AMÉLIE HOEFER, * 2 janv. 1830, à Co-
logne, † 28 févr. 1862, à Illzach,
fille de FRÉDÉRIC HOEFER et de CHRISTINE-FRÉDÉRIQUE
KINDLER.

Enfants :

1. JEAN-ROBERT, N° 216, * 7 juill. 1856,
    ✕ en févr. 1878, MADELEINE MULLER, * 9 juill. 1855,

2. AMÉLIE-EMMA, * 23 déc. 1857, à Mülheim a/Rh.,
    ✕ 29 nov. 1877, à Illzach, JULES-FRÉDÉRIC RÜCKERT, entrepreneur,
        * 1ᵉʳ mai 1847, de JOSEPH-MICHEL RÜCKERT, architecte, et
        d'ELISABETH-CLÉMENTINE CLÉMANN.

    De cette union sont nés :

    1. AMÉLIE-ELISA-EMMA RÜCKERT, * 14 juill. 1878,
        ✕ 28 juill. 1900, CHARLES DIETZ, à Saint-Amarin.
    2. EUGÉNIE-RENÉE, * 1ᵉʳ févr. 1880, † 14 févr. 1880.
    3. RENÉ-JULES, * 30 juill. 1882, † 4 avril 1889.
    4. ACHILLE-MARCEL, * 14 déc. 1885, ingénieur en Russie.

3. GEORGES-ACHILLE, N° 217, * 29 janv. 1862,
    ✕ 5 févr. 1887, SOPHIE-CATHERINE-IDA THIERRY, * 28 oct. 1862,

Notes. — ACHILLE STEINBACH, chimiste, à Moscou, puis à Mülheim a/Ruhr, revint
plus tard se fixer à Illzach.

Nº 182

JEAN-JACQUES STEINBACH, fils de JEAN-JACQUES, Nº 144

* 29 thermidor an IX, à Mulhouse, † 7 oct. 1869, à Mulhouse

✕ 26 févr. 1821, à Mulhouse

FRÉDÉRIQUE BENNER, * 12 fructidor an VIII, à Mulhouse, † 9 mai
1892, à Epinal,
fille de JEAN BENNER, drapier, et d'ANNE ROMANN.

Enfants :

1, FÉLICIEN-JEAN-JOSEPH, Nº **218**, * 24 nov. 1821, † 10 janv. 1905,
✕ 23 juin 1859, AMÉLIE SCHULTZ, * 17 avril 1827, † 23 avril 1890.

2. EMILIE, * 2 juill. 1828, à Jallieu (Isère), † 26 août 1906, à Epinal,
✕ 21 juin 1849, à Mulhouse, JOSEPH-CHARLES GUILGOT, négociant, à
Epinal, * 17 mars 1821, à Ensisheim, † 7 mars 1898, à Epinal,
de JOSEPH GUILGOT et d'ANNE-FRANÇOISE-LOUISE PASQUIER.

3. JEAN-JACQUES-EDOUARD, Nº **219**, * en 1830, † 25 nov. 1906,
✕ 28 mai 1863, AIMÉE-JULIE MULLER, * en 1845, † 22 juin 1889.

4. CÉLINE-ADÈLE, * 21 janv. 1831, à Jallieu, † 26 nov. 1895, à Mulhouse,
✕ 1er mai 1861, à Mulhouse, JOSEPH WERNER, médecin, à Mulhouse,
* 11 avril 1834, à Bernwiller, de THIÉBAUT WERNER et de
THÉRÈSE JAEGGI.

5. VICTOR, * en 1833, à Jallieu, † en 1870, à Epinal; célibataire. Négociant à Epinal.

6. ELISA, * 7 févr. 1839, à Mulhouse, célibataire; réside à Epinal.

Notes. — JEAN-JACQUES STEINBACH, chimiste à Jallieu (Isère), puis directeur-chimiste
à Moscou, dans l'établissement Frauenfelder, plus tard Georges Steinbach, pendant une
vingtaine d'années. Se retira, vers 1850, à Mulhouse.

— 168 —

JEAN-JACQUES STEINBACH
(N° 182)

FRÉDÉRIQUE BENNER

JEAN STEINBACH
(No 183)

CAROLINE MATTERN

ÉMILE STEINBACH
(No 183, § 3)

GEORGES STEINBACH
(No 183, § 5)

N° 183

JEAN STEINBACH, fils de JEAN-JACQUES, N° 144

* 18 avril 1808, à Mulhouse, † 7 juill. 1870, à Mulhouse

✕ 11 juin 1839, à Moscou (Russie)

CAROLINE MATTERN, * 11 nov. 1822, à Strasbourg, † 20 juill.
1890, à Mulhouse,
fille de Philippe-Jacques Mattern et d'Anne-Marie Jaudel.

Enfants :

1. Jean-Georges dit Iwan, N° 220, * 29 sept. 1841, † 14 sept. 1898,
   ✕ 17 déc. 1878, I. Joséphine-Victorine Hérisé, * 25 août 1854,
   † 17 déc. 1879;
   ✕ 28 août 1884, II. Marie-Anne Eck, * 22 juin 1850,

2. Jules, N° 221, * 18 janv. 1844, † 25 mai 1900,
   ✕ 7 janv. 1879, Sophie Alexéeff, * $\frac{8}{20}$ août 1859,

3. Emile, * 29 mai 1845, à Moscou, † 30 août 1889, à Paris; célibataire

4. Charles-Albert, * 27 sept. 1846, à Mulhouse. Ancien manufacturier,
   à Moscou, réside actuellement à Mulhouse.

5. Georges, * 25 sept. 1851, à Mulhouse, † 11 mai 1894, à Versailles.

Notes. — Jean Steinbach, manufacturier, à Moscou, s'est retiré à Mulhouse vers 1846.

— 169 —

N° 184

JEAN-GEORGES STEINBACH, fils de JEAN-JACQUES, N° 144

* 25 sept. 1809, à Mulhouse, † 1er déc. 1893, à Mulhouse

✕ 26 sept. 1835, à Moscou (Russie)

HENRIETTE-SOPHIE LÉGER, * 25 sept. 1807, à Neuchâtel, † 6 sept. 1871, à Mulhouse,
> fille d'ABRAHAM LÉGER et de SUZANNE-ELISABETH COMTESSE;
> veuve de GEORGES FRAUENFELDER, fabricant d'indiennes, à Moscou.

Sans Enfants.

Notes. — JEAN-GEORGES STEINBACH débuta dans la carrière industrielle, en 1828, à Moscou, dans la fabrique de tissus Frauenfelder. Après la mort du chef de cet établissement, il épousa la veuve de son ancien patron et prit en mains la gestion de la maison. En 1840, il revint à Mulhouse et devint un des chefs de la fabrique Blech-Fries & Cie, qui prit, en 1843, le nom de Blech, Steinbach & Mantz. A la suite du mariage, le 28 déc. 1850, de sa belle-fille, Mlle **Henriette Frauenfelder** (* 18 mai 1832, à Moscou, † 29 juill. 1910, à Pau), qu'il traita toujours comme sa propre fille, avec M. ALFRED KOECHLIN (* 1825, † 1872), ce dernier entra dans l'établissement de son beau-père, en 1854, et la maison prit dès lors le nom de Steinbach, Koechlin & Cie. Il resta à la tête de cet important établissement jusqu'à sa mort.

Industriel éminent, JEAN-GEORGES STEINBACH occupa une place prépondérante à Mulhouse et à la Société industrielle de cette ville. Il fut conseiller municipal et membre de la Commission municipale en 1870-71. Après sa mort, ses héritiers firent don, à la ville de Mulhouse, de sa magnifique propriété de la rue de la Sinne, connue aujourd'hui sous le nom de *Square Steinbach*, ainsi que de sa maison de la rue Guillaume-Tell, dans laquelle la Société industrielle a installé son Musée technologique.

De l'union de M. et Mme ALFRED KOECHLIN-FRAUENFELDER sont issus plusieurs enfants, nés à Mulhouse :

1. HÉLÈNE, * 24 oct. 1851,
   ✕ 28 mai 1870, I. JULES KULLMANN ;
   ✕ 7 août 1878, II. LOUIS ANDRIEUX, sénateur des Basses-Alpes (France).

2. EMILIE, * 30 oct. 1852,
   ✕ 15 févr. 1873, ALFRED ENGEL, manufacturier.

3. GEORGES, * 1er oct. 1854, † 23 juill. 1904, manufacturier,
   ✕ 31 mai 1881, LAURE KOECHLIN.

4. MARCEL, * 28 janv. 1859,

5. HUBERT, * 15 janv. 1860, † 21 sept. 1879.

J.-GEORGES STEINBACH
(No 184)

HENRIETTE-S. LÉGER

ALFRED KOECHLIN
(Gendre du No 184)

HENRIETTE FRAUENFELDER

N° 185

PAUL STEINBACH, fils de JEAN, N° 146

* 20 mars 1815, à Illzach, † 16 avril 1881, à Mulhouse

✕ 30 août 1838, à Illzach

I. MADELEINE SCHOEN, * 8 févr. 1818, † 19 août 1854,
fille de JACQUES SCHOEN et de BARBE WEHRLIN;

✕ 13 oct. 1855, à Illzach

II. MARGUERITE GERBER, * 1er oct. 1822, † 19 janv. 1884,
fille de JEAN GERBER et de CATHERINE SPAENLIN.

I. Enfants :

1. JULIEN-EDMOND, * 9 janv. 1839, † 15 juill. 1841.

2. ADELAÏDE, * 16 oct. 1840,
    ✕ ...., N..... DRITSCH.

3. EMMA, * 2 mai 1843, † 26 juill. 1844.

4. AUGUSTE, N° 222, * 2 avril 1848, † en 1894,
    ✕ ...., N..... N.....

5. JULES, N° 223, * 6 sept. 1850, † 22 nov. 1887,
    ✕ 22 juill. 1876, I. CAROLINE GOETTEL, * 8 janv. 1852, † 11 janv.
        1882;
    ✕ 25 mars 1882, II. CATHERINE SCHWINK, * 29 avril 1849,

II. Enfants :

6. ALINE, * 30 sept. 1856, † avant 1860.

7. EMMA,   \
8. ALINE,   } * 11 juill. 1860 { † 13 juill. 1860.
                                 { † 13 juill. 1860.

9. PAULINE, * 8 déc. 1861,

Notes. — PAUL STEINBACH, moletteur, à Illzach-Modenheim.

N° 186

NICOLAS STEINBACH, fils de JEAN, N° 146

* 23 mars 1821, à Illzach, † 19 déc. 1873, à Illzach

✕ 2 sept. 1847, à Illzach

ROSINE SPAENLIN, * 10 juill. 1825, à Burtzwiller, † 14 avril 1889,
fille de MARC SPAENLIN et de BARBE HAURY.

Enfants :

1. ROSALIE, * 23 mai 1848, † 21 juin 1902, à Mulhouse, célibataire.

2. ABEL, * 14 déc. 1850, † 3 févr. 1886, célibataire. Teinturier.

3. EUGÈNE, **N° 224**, * 16 juill. 1852, † 6 juin 1902,
    ✕ 25 juill. 1889, CÉCILE STEINBACH (**N° 205**, § 2), * 22 nov.
    1855,

4. AUGUSTE, **N° 225**, * 2 août 1857, † 18 mai 1909,
    ✕ 30 sept. 1882, ANTOINETTE BOETSCH, * 19 janv. 1859, † avant
    1909.

5. ELISE, * 27 mai 1860,
    ✕ 9 juill. 1883, JEAN STERN, cultivateur, * 24 juin 1854, de JEAN-
    JACQUES STERN et de CAROLINE STEINBACH (**N° 180**, § 3).

6. EUGÉNIE, * 4 mai 1864.

Notes. — NICOLAS STEINBACH, cultivateur et voiturier, à Illzach.

N° 187

JEAN-HENRY STEINBACH, fils de JEAN-ULRIC, N° 148

* 5 févr. 1807, à Illzach, † 7 janv. 1876, à Mulhouse

✕ 8 oct. 1831, à Illzach

URSULE NIFENECKER, * 3 mai 1808, † 7 févr. 1846,
  fille de JEAN-ULRIC NIFENECKER, fabricant d'indiennes, et
  d'URSULE MEYER.

Enfants :

1. URSULE-AMÉLIE, * 22 mai 1833, † 1er févr. 1865, à Strasbourg,
    ✕ 4 avril 1853, GEORGES LEBLOIS, pasteur, à Wesserling, plus tard à
        Strasbourg, * 21 juin 1825, à Strasbourg, † 7 janv. 1898, de
        LOUIS-CLAUDE LEBLOIS et de SALOMÉ-CAROLINE BAUMANN.

2. ELISE-HENRIETTE, * 16 juin 1816, † 10 août 1836.

Notes. — JEAN-HENRY STEINBACH, dessinateur, puis fabricant de toiles peintes, à
Illzach.

N° 188

PIERRE STEINBACH, fils de PIERRE, N° 149

* en nov. 1776, à Illzach, † 8 mars 1811, à Illzach

✕ 22 prairial an VI, à Illzach

ANNE-MARIE SEILER, * 21 sept. 1778, † 4 déc. 1836,
fille de JEAN-ULRIC SEILER et de MARGUERITE STAUBER.

Enfants :

1. MARIE-ANNE, * 12 nov. 1798, † 12 févr. 1854,
    ✕ 5 mars 1821, PIERRE GRUMLER, graveur, * 26 mai 1798, à Mulhouse, † 6 nov. 1862, à Mulhouse, fils de JEAN-MICHEL GRUMLER et de MARGUERITE ENGEL.

2. PIERRE, N° 226, * 11 sept. 1803, † 8 mai 1859,
    ✕ 18 août 1831, SOPHIE DEMOUGEOT, * 14 janv. 1807, † 30 nov. 1883.

3. CATHERINE, * 23 nov. 1804, † 1er janv. 1878, à Mulhouse,
    ✕ 10 oct. 1836, à Mulhouse, JEAN-GEORGES ENDINGER, lamier, * 23 avr. 1806, † 25 févr. 1877, fils de GEORGES ENDINGER et de CATHERINE GANTHNER.

4. ULRIC, N° 227, * 25 juin 1806, † 6 août 1879,
    ✕ ...., I. LOUISE-SCHOLASTIQUE LEMARIÉ, * en 1812, † 31 mai 1849;
    ✕ 2 janv. 1860, II. CAROLINE GRABENSTAETTER, * 7 janv. 1823, † après 1879.

5. MARIE-MADELEINE, * 21 déc. 1807, † 25 févr. 1811.

6. THIÉBAUT, * 6 mars 1810, † 3 août 1810.

Notes. — PIERRE STEINBACH, cultivateur, à Illzach.

— 174 —

N° 189

ADAM STEINBACH, fils de PIERRE, N° 149
* 3 févr. 1778, à Illzach, † 11 sept. 1860, à Illzach

✕ 3 pluviôse an XI, à Illzach

ANNE-BARBE WALTER, * 17 janv. 1775, † 13 juill. 1834,
fille de Thiébaut Walter et d'Anne-Catherine Wehrlin.

Enfants :

1. Anne-Catherine, * 2 nivôse an XIII, † 5ᵉ jour compl. an XIII.

2. Anne-Barbe, * 8 févr. 1806, † 7 déc. 1870,
✕ 12 mai 1828, Ulric Stern, imprimeur d'indiennes, * 4 nov. 1800,
† après 1870, de Jean-Jacques Stern, jardinier et d'Elisabeth
Steinbach (N° 115, § 1).

3. Thiébaut, N° 228, * 11 juill. 1808, † 29 mai 1846,
✕ 2 août 1841, Gertrude Voisinet, * 13 juill. 1811, † 17 juin
1886.

4. Pierre, N° 229, * 19 déc. 1811, † ......,
✕ 21 janv. 1833, Catherine Goetz, * 16 sept. 1808, † ....

5. Anne-Catherine, * 21 janv. 1815, † 1ᵉʳ mai 1820.

Notes. — Adam Steinbach, tonnelier, à Illzach.

N° 190

FRÉDÉRIC STEINBACH, fils de CONRAD, N° 152

* 15 sept. 1808, à Mulhouse, † 1er mars 1882, à Mulhouse,

× 7 juill. 1842, à Mulhouse

MARIE-SALOMÉ BURGHART, * 20 prairial an XIII, à Muntzenheim,
† 16 juin 1863, à Mulhouse,
fille de Chrétien Burghart et de Marie-Barbe Huser.

Enfant :

1. Marie-Louise, * 5 avril 1844, à Mulhouse, † 17 mars 1911, à Mulhouse,
× en 1873, à Mulhouse, Jean-Henri Wintzer, tourneur en fer.

Notes. — Frédéric Steinbach, menuisier, résida d'abord à Algolsheim (Alsace), puis à Mulhouse. Lors de son mariage, il adopta un fils de sa femme, André, qui prit le nom de Steinbach ; celui-ci eut de sa femme, Marie-Catherine Reinhardt, deux filles, avec lesquelles cette branche se trouve éteinte.

N° 191

CHARLES STEINBACH, fils de JEAN, N° 159

* 16 mars 1837, à Mulhouse, † 7 juill. 1875, à Mulhouse

✕ 10 nov. 1864, à Mulhouse

AMÉLIE STEINBACH, * 14 mai 1837, à Illzach, † 14 avril 1896, à
Mulhouse,
fille de JEAN-ANTOINE STEINBACH (N° 160) et de CATHERINE
STERN.

Enfants :

1. CHARLES, * 13 déc. 1864, † 27 déc. 1864.

2. OSCAR, N° 230, * 17 avril 1866,

3. EUGÉNIE, * 10 mai 1867, † 10 sept. 1867.

4. ADÈLE, * 27 janv. 1869, † 23 avril 1870.

Notes. — CHARLES STEINBACH, dessinateur, à Mulhouse.

N° 192

CHRÉTIEN STEINBACH, fils de JEAN-ANTOINE, N° 160

* 23 oct. 1822, à Illzach, † 20 oct. 1850, à Mulhouse

✕ 18 févr. 1850, à Mulhouse

SALOMÉ AMBACHER, * 18 mai 1826, à Mulhouse, † 21 janv. 1885,
fille de JACQUES AMBACHER et de SALOMÉ SCHINDLER.

Enfant :

1. EMMA, * 27 juin 1850, † 18 mai 1852.

Notes. — CHRÉTIEN STEINBACH, menuisier, se fixa par son mariage à Mulhouse.

N° 193

PAUL STEINBACH, fils de JEAN-ANTOINE, N° 160

* 27 avril 1832, à Illzach,

✕ 12 sept. 1863, à Mulhouse

MARIE BADER, * 9 nov. 1835, à Huningue,
fille de JEAN-LOUIS BADER et d'ANNE-MARIE ROTHMUND.

Enfants :

1. PAUL, N° 231, * 27 sept. 1863,

2. ALBERT, N° 232, * 12 nov. 1864,

Notes. — PAUL STEINBACH, sculpteur, résida d'abord à Mulhouse, mais s'expatria vers 1865. Nous n'en avons plus trouvé de trace, ni de sa descendance probable, à laquelle nous réservons des tableaux pouvant servir en cas de besoin.

N° 194

THIÉBAUT STEINBACH, fils de JEAN, N° 161

* 13 déc. 1819, à Lutterbach, † après 1874, à Lœrrach

✕ 18 juill. 1850, à Cernay

I. SOPHIE ZINCK, * 12 mai 1829, † . . . .,
fille de JACQUES ZINCK et de SOPHIE DRIDHARD;

✕ . . . ., à . . . .

II. SOPHIE GROSHEINTZ, * en 1828, † . . . .,
fille de MATHIAS GROSHEINTZ et d'ELISABETH PERRET.

I. Sans Enfants.

II. Enfants :

1. SOPHIE-HENRIETTE, * 30 nov. 1856, à Mulhouse,

2. EMILE, N° **233**, * 7 oct. 1869, à Lœrrach (Bade),

Notes. — THIÉBAUT STEINBACH, graveur sur bois, résida successivement à Cernay, Mulhouse et Lœrrach (Bade). Nous n'avons plus trouvé de trace après 1874, ni de lui, ni de sa descendance probable, à laquelle nous réservons un tableau, pour servir le cas échéant.

N° 195

BENOIT STEINBACH, fils de BENOIT, N° 162

* 7 août 1821, à Illzach, † 4 avril 1853, à Illzach

✕ 5 nov. 1846, à Illzach

ROSINE MULLER, * 1er janv. 1826, † en 1883, à Bâle,
fille de JEAN MULLER et de BARBE MULLER.

Enfants :

1. FRÉDÉRIC, **N° 234**, * 1er mai 1847, * 16 sept. 1904,
    ✕ 1er mai 1847, ELISABETH-CATHERINE STEINBACH * 18 oct. 1849,
    † 13 déc. 1910.

2. IVAN, **N° 235**, * 22 juin 1848,
    ✕ 10 mai 1883, I. MARIE-THÉRÈSE LOESLÉ, * 22 mai 1855, † 26 mai
    1887 ;
    ✕ 8 avril 1890, II. AMÉLIE AMELUNG, * 11 févr. 1859,

3. ENGELHARDT, **N° 236**, * 26 juill. 1849, † ......,
    ✕ 14 sept. 1880, BERTHE HOELLICKER, * ......,

4. FANNY, * 23 janv. 1851, † 1er avril 1852.

Notes. — BENOÎT STEINBACH, graveur sur bois, à Illzach.

— 180 —

N° 196

EUGÈNE STEINBACH, fils de BENOIT, N° 162

* 29 déc. 1831, à Illzach, † 4 févr. 1890, à Mexico

✕ 20 sept. 1856, à Mulhouse

I. MARIE BIEHLER, * 5 août 1835, à Mulhouse, † 16 févr. 1870,
à Mulhouse,
fille de JEAN-GEORGES BIEHLER et d'ANNE-MARIE WEISSHAG;

✕ 18 févr. 1873, à Horgen (Suisse)

II. THÉRÈSE-BERTHE BIBER, * 1ᵉʳ juill. 1845, à Frastanz (Vor-
arlberg), † 28 oct. 1911, à Mulhouse,
fille de GASPARD BIBER et d'ELISE STOCKER.

I. Enfants :

1. EUGÈNE, * 22 août 1857, à Barcelone, graveur sur rouleaux, à Mulhouse, célibataire.

2. JEAN-FRANÇOIS-ERNEST, N° 237, * 1ᵉʳ févr. 1860, † 1ᵉʳ juin 1912,
✕ 8 déc. 1883, ANNE BLATTNER, * 14 juill. 1859.

3. MARIE-HORTENSE-ISABELLE, * en 1862, à Barcelone, † 24 janv. 1867, à
Mulhouse.

4. MARGUERITE, * 10 juin 1864, † 18 mai 1867, à Mulhouse,

5. GEORGES, * 24 févr. 1866, † 28 nov. 1868, à Mulhouse,

II. Enfant :

6. FRÉDÉRIC, N° 238, * 27 juill. 1880,
✕ 21 août 1909, SUZANNE BRUSTLEIN, * 28 févr. 1886,

Notes. — EUGÈNE STEINBACH, graveur sur rouleaux, résida d'abord à Barcelone
(Espagne), puis à Mulhouse, et enfin à Mexico, où il mourut.

N° 197

FRÉDÉRIC STEINBACH, fils de FRÉDÉRIC, N° 163

* 14 nov. 1821, à Lutterbach, † 26 févr. 1892, à Mulhouse

✕ . . . . , à . . . .

ELISABETH FUCHS, * en 1825, à Thann, † 19 avril 1895, à Mulhouse, fille de FRÉDÉRIC FUCHS, tanneur, et d'ELISABETH
STEGER.

Enfants :

1. JACQUES-ALBERT, **N° 239**, * 19 juill. 1863,

2. ELISE, * 6 déc. 1865,
   ✕ 9 juin 1894, OSCAR BRITSCH, négociant, * 2 avril 1866, à Mulhouse, fils de REINHARDT BRITSCH et d'EUGÉNIE KAMMERER.

3. EMMA, * 17 mars 1868,

Notes. — FRÉDÉRIC STEINBACH, graveur sur rouleaux, résida à Mulhouse.

———

N° 198

PIERRE STEINBACH, fils de FRÉDÉRIC, N° 164

* 18 déc. 1828, à Illzach, † 7 oct. 1890, à Mulhouse

✕ 16 déc. 1852, à Illzach

EUGÉNIE MERGY, * 23 sept. 1828,
fille de PIERRE MERGY et de BARBE KELLENBERGER.

Enfants :

1. ELISE, } * 12 févr. 1853, { † 15 févr. 1853.
2. EUGÉNIE, }   { † 7 avril 1853.

3. PIERRE, **N° 240,** * 19 nov. 1853,
   ✕ 12 juill. 1880, CAROLINE UMBDENSTOCK, * 11 nov. 1857,

4. MARIE-LOUISE, * 31 avril 1856, à Ivry (Seine),
   ✕ 11 juin 1881, à Mulhouse, GUSTAVE UNTEREINER, économe de
   l'hôpital de Mulhouse, * 8 oct. 1857, à Mulhouse, fils de
   JOSEPH UNTEREINER et de DOROTHÉE BEYL.

5. SOPHIE, * 30 janv. 1863, à Ivry,
   ✕ 14 oct. 1886, JEAN-EUGÈNE ZURCHER, négociant, à Mulhouse,
   * 18 oct. 1857, fils de JEAN ZURCHER et de LOUISE TROENDLÉ.

Notes. — PIERRE STEINBACH, négociant, à Illzach, puis à Mulhouse.

Nº 199

FRÉDÉRIC STEINBACH, fils de HENRY, Nº 165

* 7 juin 1837, à Ste-Marie-a/Mines, † 10 févr. 1905, à Mulhouse

✕ 3 déc. 1864, à Illzach

I. ROSINE HAUSMANN, * 2 nov. 1839, à Mulhouse, † 31 juill.
1900, à Mulhouse,
fille de JEAN-ANDRÉ HAUSMANN et d'ANNE-MARIE WALTER;
veuve de CHRÉTIEN BISCHOFF, laitier;

✕ 14 oct. 1893, à Mulhouse

II. CÉLINE KAMMACHER, * 26 janv. 1856, à Mulhouse, † 18 juin
1901,
fille de RODOLPHE KAMMACHER et de MADELEINE-CHRISTINE
KAUFFMANN.

I. Enfants :

1. EMILE-FRÉDÉRIC, * 28 mars 1872, † 29 mars 1881.

2. LOUISE-ROSALIE, * 24 sept. 1873, † 3 janv. 1901.

3. HENRI-ALPHONSE, * 29 mars 1875, † 20 avril 1875.

4. HENRI-EDOUARD, * 20 juill. 1878, † 5 avril 1879.

II. Sans Enfants.

Notes. — FRÉDÉRIC STEINBACH, garçon tonnelier, à Illzach, puis commissionnaire à
Mulhouse, où tous ses enfants sont nés.
Le premier mariage fut annulé, par divorce, le 21 janv. 1888, à Mulhouse.

N° 200

EMILE STEINBACH, fils de HENRY, N° 165

* 14 févr. 1840, à Ste-Marie-a/Mines, † 18 déc. 1875, à Mulhouse

× 8 août 1868, à Mulhouse

CATHERINE-ELISABETH GROTZ, * 18 août 1847, à Nieder-Emmen-
dingen (Bade),
fille de JACQUES-FRÉDÉRIC GROTZ et de CHRISTINE BLUM.

Enfants :

1. LOUISE-PAULINE, * 26 janv. 1869,
    × vers 1892, à Paris, EDOUARD STERN, relieur, à Paris, * ……..,
    à Illzach, fils de JEAN-JACQUES STERN et de CAROLINE STEINBACH
    (N° 180, § 3).

2. EMILIE-MARIE, * 6 mai 1872,
    × 1er déc. 1896, EDOUARD JOST, confiseur, * 8 juill. 1870, à Dorlis-
    heim, fils de THIÉBAUT JOST et de MADELEINE BILGER.

3. HENRI, * 17 mars 1874, célibataire.

Notes. — EMILE STEINBACH, régleur, résida à Mulhouse.

— 185 —

ALBERT STEINBACH, fils de JEAN-ULRIC, N° 166

* 14 août 1840, à Illzach-Burtzwiller, † 17 mars 1910, à Mulhouse

✕ 20 avril 1868, à Illzach

I. BARBE SCHMIDT, * 28 févr. 1845, à Neehwiller (Bas-Rhin),
† 9 sept. 1869,
fille de GEORGES SCHMIDT et d'EVE-MARGUERITE DEWALD;

✕ 2 juill. 1883, à Mulhouse

II. MARIE-LOUISE MEYER, * 12 juin 1836,
fille de FABIEN-SÉBASTIEN MEYER et de MARIE-URSULE
HARTMANN.

I. Enfant :

1. BARBE, * 28 déc. 1868,

II. Sans Enfants.

Notes. — ALBERT STEINBACH, imprimeur d'indiennes, à Burtzwiller, puis à Mulhouse.

N° 202

JACQUES STEINBACH, fils de JACQUES, N° 167
* 27 sept. 1834, à Illzach, † 23 oct. 1868, à Illzach

× 16 févr. 1860, à Illzach

EUGÉNIE WALTER, * 1er nov. 1831, † 1er janv. 1868,
fille de GEORGES WALTER et d'ELISABETH MEYER.

Enfants :

1. EUGÉNIE, * 10 mars 1860,
    × 25 sept. 1884, HENRI URBANN, maréchal-ferrant, * 2 avril 1860,
        fils de JEAN URBANN et d'ELISABETH SENGELIN.

2. CÉLINE, * 3 juill. 1861,

3. EMMA-CATHERINE, * 18 nov. 1866,
    × 3 sept. 1891, EMILE LEIBUNDGUTH, serrurier, * 20 avril 1864, fils
        d'EMILE LEIBUNDGUTH, et d'HENRIETTE ZURCHER.

Notes. — JACQUES STEINBACH, graveur sur bois, à Illzach.

N° 203

EUGÈNE STEINBACH, fils de JACQUES, N° 167

* 6 nov. 1844, à Illzach,

✕ 28 avril 1870, à Illzach

CAROLINE REINHARD, * 22 nov. 1842,
fille de JEAN REINHARD et de JUDITH BAER.

Enfants :

1. CHARLES-EUGÈNE, * 14 mai 1871 ; célibataire.

2. ROBERT, N° 241, * 31 mai 1872,
    ✕ 7 août 1897, EUGÉNIE MERGY, * 18 mai 1872,

3. JULIE-CAROLINE, * 5 août 1874,
    ✕ 12 mars 1901, à Illzach, ROBERT PERRET, dessinateur, * 27 sept.
    1874, à Illzach, de BERTRAND PERRET et de PAULINE MEYER.

4. ANNE, * 18 avril 1880,

Notes. — EUGÈNE STEINBACH, dessinateur, à Illzach.

N° 204

CHARLES STEINBACH, fils de JEAN, N° 169

* 5 févr. 1824, à Illzach, † 25 juin 1904, à Illzach

 ╳ 12 sept. 1850, à Illzach

BARBE KOENIG, * 7 avril 1826,
  fille de GEORGES KOENIG et de BARBE GEYELIN.

Enfants :

1. ROSALIE, * 12 juill. 1849,
    ╳ 14 avril 1873, EMILE TRISCHLER, imprimeur, * 21 mars 1847, à
      Illzach, d'ALEXANDRE TRISCHLER et de MADELEINE GSCHWANDER.

2. EUGÉNIE, * 21 sept. 1850, † 25 oct. 1850.

3. EMILE, * 23 sept. 1851, à Thann, † 13 mars 1865, à Illzach.

4. EUGÈNE, * 7 juill. 1853, † 13 août 1853.

5. EMILIE, * 5 juill. 1855, † 20 janv. 1856.

6. ELISA, * 6 mars 1857, † 15 juill. 1877, célibataire.

7. CAROLINE, * 9 févr. 1859,
    ╳ 3 nov. 1881, JULES GEYELIN, * 30 sept. 1857, fils de PAUL
      GEYELIN, graveur, et de MADELEINE NETZLY.

8. JULES, * 5 janv. 1861, † 3 avril 1861,

9. JULES, * 23 août 1863, † 21 févr. 1864 (appelé HUBERT, au décès !)

10. BERTHE, * 1ᵉʳ nov. 1867, † 15 mai 1869.

Notes. — CHARLES STEINBACH, graveur sur rouleaux, à Illzach. Il résida temporairement
à Thann, en 1851.

N° 205

HENRY-ÉMILE STEINBACH, fils de JEAN, N° 169

* 20 nov. 1825, à Illzach, † 12 juin 1872, à Illzach

✕ 3 août 1854, à Illzach

CATHERINE WEHRLIN, * 9 mai 1828, † 1er oct. 1879,
fille de HENRI WEHRLIN et de CATHERINE WALTER.

Enfants :

1. CHARLES-EUGÈNE, * 14 août 1854, † 22 août 1854.

2. CÉCILE, * 22 nov. 1855,
    ✕ 25 juill. 1889, EUGÈNE STEINBACH (N° 224), * 16 juill. 1852,
    † 6 juin 1902.

3. EMMA, * 7 mars 1857, † 24 avril 1862.

4. HENRI-EMILE, * 7 août 1858, † 5 mai 1859.

5. ALFRED, N° 242, * 8 juin 1860,
    ✕ 28 mai 1885, EMMA VOETSCH, * 13 mars 1859,

6. EMMA, * 16 oct. 1862, † 13 janv. 1864.

7. ANNE-CATHERINE, * 3 juill. 1864,
    ✕ 16 oct. 1884, HENRI WEHRLIN, cultivateur, * 15 août 1860, de
    HENRI WEHRLIN et de MADELEINE VOGEL.

8. JULES, * 11 janv. 1866, † 14 oct. 1868.

9. EMILIE, * 19 janv. 1867,

10. EMILE, * 7 févr. 1870, sellier,

Notes. — HENRY-EMILE STEINBACH, ingénieur mécanicien, à Illzach.

N° 206

ABEL STEINBACH, fils de JEAN, N° 169

* 15 sept. 1827, à Illzach, ✝ 5 août 1885, à Illzach

✕ 5 oct. 1854, à Illzach

BARBE KLIPPSTIEHL, * 3 mai 1831, ✝ 2 mai 1908,
   fille de VALENTIN KLIPPSTIEHL et d'ANNE-BARBE STEINBACH
   (**N° 130**, § 3).

Enfants :

1. OTHON, **N° 243**, * 18 juin 1850, ✝ 16 févr. 1881,
    ✕ 23 déc. 1876, MARIE-SOPHIE BRUN, * 23 mai 1850.

2. ADÈLE, * 27 févr. 1853, ✝ 16 févr. 1881,
    ✕ 12 oct. 1882, EDOUARD CLEMANN, imprimeur, * 25 avril 1842, à
    Mulhouse, de PAUL CLEMANN et de BARBE STERN.

3. EMILE, * 27 févr. 1853, mécanicien,

4. MARIE-MADELEINE, * 11 janv. 1855, ✝ 18 nov. 1908,
    ✕ 7 oct. 1880, EUGÈNE SCHERRER, graveur sur rouleaux, * 20 sept.
    1854, fils de JACQUES SCHERRER et d'ANNE MINDER.

5. ALINE, * 16 mai 1857,
    ✕ 24 juill. 1879, EMILE PERRET, moletteur, * 12 févr. 1853, ✝ en
    mai 1904, à Thaon (Vosges), de FRÉDÉRIC PERRET et de MADE-
    LEINE STEINBACH (**N° 164**, § 3).

6. JULIE, * 22 janv. 1859,

7. EUGÉNIE, * 8 mai 1860,
    ✕ 28 mai 1885, EUGÈNE KLIPPSTIEHL, graveur, * 14 avril 1860,
    de CHARLES KLIPPSTIEHL et de PAULINE MERGY.

8. EUGÈNE, **N° 244**, * 6 nov. 1861,
    ✕ 25 mars 1892, EMMA TSCHAENLIN, * 30 nov. 1869,

9. GUSTAVE-ADOLPHE, * 22 août 1863, ✝ 3 avril 1864.

10. Berthe, * 8 févr. 1865, † 16 juill. 1865.

11. Emma, * 9 juill. 1868, † 25 nov. 1905.

12. Gustave-Adolphe, **N° 245**, * 25 nov. 1869,
    × 24 oct. 1891, Thérèse-Marie Baumann, * 10 févr. 1869,

13. Louise, * 20 juin 1871, † 28 oct. 1871.

14. Jules, * 7 mai 1873, † 21 avril 1874.

Notes. — Abel Steinbach, cultivateur et voiturier, à Illzach.

N° 207

THÉODORE STEINBACH, fils de JEAN-ULRIC, N° 170

* 26 févr. 1827, à Illzach, † avant 1870, à Paris

× 18 mai 1861, à Glasgow (Ecosse)

MARIE-CATHERINE DUCHÊNE, * 4 juin 1830, à Brunstatt, † avant
1870,
fille de Joseph Duchêne et de Marie-Catherine Couval.

Sans Enfants.

Notes. — Théodore Steinbach, dessinateur, se fixa à Glasgow (Ecosse). Après le décès de sa femme, il s'établit à Paris, où il mourut du choléra.

N° 208

CAMILLE STEINBACH, fils de JEAN-ULRIC, N° 170

* 15 déc. 1835, à Illzach, † 7 févr. 1888, à Saint-Maurice (Seine)

✕ 2 juin 1860, à Mulhouse

LOUISE PRANG, * 11 avril 1836, à Mulhouse, † 18 nov. 1883, à
Rouen,
fille de JACQUES PRANG et de LOUISE WIEDERGRÜN.

Enfants :

1. LAURE, * 9 avril 1861, † 5 déc. 1907, à Roubaix,
✕ 9 mai 1881, à Rouen, EDOUARD CHRISTMANN, directeur de manu-
facture, à Roubaix, * 4 nov. 1854, à Mulhouse, de THÉODORE
CHRISTMANN et d'ANNE-MARIE ESSER.

2. LOUIS-CAMILLE, N° 246, * 11 déc. 1864,
✕ 24 janv. 1894, RACHEL MARTEL, * 5 juill. 1872, † 24 déc. 1908.

Notes. — CAMILLE STEINBACH, comptable, se fixa à Mulhouse, puis vers 1872 à Rouen.

N° 209

GEORGES-THÉOPHILE STEINBACH, fils de GEORGES, N° 171

* 19 févr. 1838, à Illzach, † 27 sept. 1893, à Illzach

✕ 10 janv. 1867, à Illzach

MARIE-JOSÉPHINE SPINDLER, * 22 oct. 1845, à Neuenburg (Bade),
fille de JACQUES SPINDLER et de CATHERINE SELZ.

Enfants :

1. MARIE, * 15 nov. 1867, † 2 févr. 1868.

2. GEORGES-THÉOPHILE, N° **247**, * 31 mai 1869,
   ✕ 12 nov. 1896, ALICE HEITZ, * 16 juill. 1872,

3. ALPHONSE, N° **248**, * 22 sept. 1871,
   ✕ 1ᵉʳ avril 1895, PAULINE EBNER, * 23 sept. 1862,

4. GUSTAVE-ADOLPHE, * 8 juill. 1873, † 27 juill. 1874.

5. GUSTAVE-ADOLPHE, * 16 févr. 1875, † 18 juill. 1896, à Rastatt, des
   suites d'une chute de cheval; il était alors soldat au 30ᵉ régiment
   d'artillerie.

6. MARIE, * 15 févr. 1876,
   ✕ 23 sept. 1897, GEORGES-AMÉDÉE BEGIN, tuilier, * 12 juill. 1872,
   à Illzach, fils de GEORGES BEGIN et d'ANNETTE STADELMANN.

7. ALFRED, N° **249**, * 14 déc. 1877,
   ✕ 6 juill. 1907, ANNE-BARBE WEBER, * 23 juin 1877,

8. AMÉLIE, * 4 janv. 1879, † 5 juill. 1879.

9. BERTHA, * 18 juill. 1880,
   ✕ 7 sept. 1901, à Illzach, ERNEST PERRET, graveur, * 21 déc. 1877,
   à Illzach, de BERTRAND PERRET et de PAULINE MEYER.

10. ANNA, * 8 oct. 1882,
    ✕ 14 mai 1904, à Illzach, HERMANN-FRÉDÉRIC-LOUIS EMKER, douanier,
    à Lagarde (Lorraine), * 1ᵉʳ sept. 1871, à Barver (Hanovre), fils
    de JEAN-FRÉDÉRIC-HENRI EMKER et d'ANNE-SOPHIE-MARGUERITE
    SCHROEDER.

— 194 —

11. Jules, * 5 oct. 1884, † 26 févr. 1888.

12. Héloïse, * 6 déc. 1885, † 25 déc. 1886.

13. Emile, * 1er juin 1887, † 17 juin 1887.

14. Jules, * 25 juill. 1890, † 10 sept. 1890.

Notes. — Georges-Théophile Steinbach, marchand de vins, à Illzach.

N° 210

JEAN STEINBACH, fils de Jean, N° 174
* 25 juin 1816, à Mulhouse, † 5 nov. 1857, à Berne

✕ 11 juin 1840, à Mulhouse

MARIE-LOUISE LAEDERICH, * 25 mars 1819, à Mulhouse, † 9 déc.
1841, à Mulhouse,
fille de Jean Laederich, amidonnier, et d'Ursule Laederich.

Enfant :

1. Marie-Louise, * 6 mai 1841, † 10 juill. 1841.

Notes. — Jean Steinbach, amidonnier, à Mulhouse.

PIERRE-ALPHONSE STEINBACH, fils de JEAN, N° 174

* 3 nov. 1837, à Mulhouse,

× 3 janv. 1874, à Mulhouse

ANNA-MARGUERITE KRAUSE, * 3 nov. 1849, à Mulhouse,
fille de GUSTAVE-ADOLPHE KRAUSE, négociant, et de MAR-
GUERITE WÜRTZ.

Enfants :

1. MARGUERITE-ANNA, * 31 août 1874, à Neunkirchen, près de Vienne
(Autriche),
× 9 juin 1900, EDOUARD-AUGUSTE ROGIER, marchand de bois, à Roubaix, * 13 août 1873, à Roubaix, fils de MOÏSE ROGIER et de
VIRGINIE LEMUE.

2. JEAN-GUSTAVE-ALPHONSE, N° 250, * 26 févr. 1877,
× 12 avril 1902, HENRIETTE-MARGUERITE BERTRAND, * 16 oct. 1880,

3. HÉLÈNE-LAURE-ELMIRE, * 1er juin 1881, à Barcelone, † 12 avril 1882, à
Barcelone.

Notes. — PIERRE-ALPHONSE STEINBACH, chimiste, à Neunkirchen (Autriche), à Prague
puis à Barcelone, réside actuellement à Tourcoing (Nord).

JEAN STEINBACH

(Nº 210)

P.-ALPHONSE STEINBACH

(Nº 211)

ANNA-MARGUERITE KRAUSE

N° 212

CHARLES-HENRY STEINBACH, fils de CONRAD, N° 176

* 27 juill. 1828, à Mulhouse, † en 1872, à Sion (Suisse)

✕ en 1858, à Sion (Suisse)

JOSÉPHINE BEGER, * ...., à Sion,
    fille de N..... N.....

Enfants :

1. Une fille, * ...., † en bas âge.

2. Un fils, * ...., † en bas âge.

3. Une fille, * ....,

4. Une fille, * ....,

Notes. — CHARLES-HENRY STEINBACH se fixa à Sion (Suisse), par son mariage et y ouvrit un atelier d'imprimerie typographique. Après son décès, sa veuve se remaria avec M. ROESSLER, avocat, en Amérique. Elle vit encore aux Etats-Unis, avec ses deux filles.

N° 213

JULES-CÉSAR STEINBACH, fils de JACQUES, N° 178

* 11 juill. 1824, à Illzach, † 22 déc. 1883, à Modenheim

╳ 22 avril 1852, à Illzach

ELISABETH STEINBACH, * 5 sept. 1819, à Winterthur, † 2 juin
1887, à Modenheim,
> fille de FRÉDÉRIC STEINBACH (N° 164) et de MADELEINE
> MEYER.

Sans Enfants.

Notes. — JULES-CÉSAR STEINBACH, graveur, à Illzach-Modenheim.

N° 214

GUTBERT STEINBACH, fils de JACQUES, N° 178

* 4 sept. 1825, à Illzach, † 8 déc. 1904, à Illzach

╳ 22 avril 1852, à Illzach

ANNE PERRET, * 18 janv. 1831,
> fille de FRÉDÉRIC PERRET et de CATHERINE GEYELIN.

Enfants :

1. ANNE, * 22 mai 1852,
    > ╳ 26 sept. 1872, à Illzach, ALFRED-CHARLES-LOUIS FALLOT, négociant,
    > à Illzach, * 27 juin 1843, à Berlin, de CHARLES-LOUIS FALLOT,
    > de Mulhouse, et d'HENRIETTE GRUMLER.
2. MARIE, * 13 août 1859, † 2 sept. 1859.
3. EUGÉNIE, * 1er déc. 1864, † 23 oct. 1866.
4. EUGÉNIE, * 5 mai 1868, † 11 mai 1868.

Notes. — GUTBERT STEINBACH, moletteur, à Illzach.

N° 215

FERDINAND STEINBACH, fils de PIERRE, N° 180

* 10 févr. 1830, à Illzach,

$\times$ 12 déc. 1853, à Nancy

I. ALOYSIA-CHRISTINE JAILLON, * 15 févr. 1834, à Honécourt
(Vosges), † 30 mai 1870, à Nancy,
fille de Nicolas Jaillon et de Marguerite Collin;

$\times$ 2 févr. 1885, à Nancy

II. ELISABETH CUSENIER, * 9 juin 1858, à St-Julien-les-Metz,
fille de François Cusenier et de Marie-Victoire Burtin.

I. Enfants:

1. Caroline, * 4 oct. 1854, † 24 oct. 1854.

2. Henri-Pierre, * 30 août 1856, † 16 mai 1906,
$\times$ ...., I. Louise-Marie Toussaint, * 23 déc. 1861 à Vau-
couleurs (Meuse), † 4 juill. 1890, à Nancy;
$\times$ 8 oct. 1890 II. Marie-Coralie Crèmel, * 2 oct. 1865, à Haus-
sonville (Meurthe-et-Moselle); résida à Pagny-s/Moselle.

I. Enfant:

1. Louise Elisabeth, * 16 juill. 1886, à Nancy,
$\times$ en 1904, Georges Caron, * à Paris, comptable, à Verviers
(Belgique).

II. Enfant:

2. Henry-Camille, * 27 juill. 1891. Actuellement sergent-major au
39e d'artillerie, à Toul.

3. Ferdinand, * 19 mars 1858, † 23 sept. 1908, à Lemeil (Seine-et-Oise).
$\times$ 16 mai 1887, Mathilde-Catherine Weick, * 28 avril 1862.
Union sans enfants.

4. Marguerite-Marie, * 4 mars 1864,
$\times$ 5 avril 1883, à Nancy, Paul-Maxime Pilgrain, * 6 oct. 1857,
à Liffol-le-Grand (Vosges), fils de Hippolyte-Vincent Pilgrain,
et d'Anne-Ursule Henry. De ce mariage sont issus trois enfants,
dont un fils, marié à Paris.

5. Marie-Jeanne, * 7 déc. 1866,
    ✕ en 1893, à New-York, Ernest Marchais, * à Chartres, demeurant
        à Flushing L. J. (Etats-Unis). De cette union sont issus cinq
        enfants, dont trois fils.

II. Enfants :

6. Marguerite-Isabelle, * 27 janv. 1881,
    ✕ en 1879, Louis Saint-Remy, caissier, * ...., à Xivry-Circourt
        (Meurthe-et-Moselle), d'Eugène Saint-Remy et d'Eugénie
        Moineau.

7. Ferdinand-Georges, * 15 nov. 1883. Célibataire, réside à Paris,

8. Adèle, * 21 sept. 1885,
    ✕ ...., Camille Bouvier, de Nancy, rentier à Bayon (Meurthe-
        et-Moselle).

Notes. — Ferdinand Steinbach, rentier, à Nancy, où tous ses enfants sont nés.
Les renseignements concernant cette branche de Nancy nous étant parvenus seulement après l'achèvement du livre, nous avons dû les réunir tous sur ce tableau, sans pouvoir réserver de cases spéciales aux trois fils.

N° 216

JEAN-ROBERT STEINBACH, fils d'Achille, N° 181

* 7 juill. 1856, à Mulheim a/Ruhr,

✕ en févr. 1878, à Paris

MADELEINE MULLER, * 9 juill. 1855, à Puteaux,
    fille de François Muller et de Marie-Odile Muntz.

Enfant :

1. Robert-Emile, N° 252, * 26 déc. 1878, à Paris,
    ✕ 11 avril 1905, Clémence Vaucoillie, * 1er janv. 1882,

Notes. — Jean-Robert Steinbach, négociant, à Paris.

J.-ROBERT STEINBACH
(N° 216)

MADELEINE MULLER

G.-ACHILLE STEINBACH
(N° 217)

S.-C.-IDA THIERRY

N° 217

GEORGES-ACHILLE STEINBACH, fils d'ACHILLE, N° 181

* 29 janv. 1862, à Illzach,

× 5 févr. 1887, à Luxembourg

SOPHIE-CATHERINE-IDA THIERRY, * 28 oct. 1862, à Mulhouse, fille de JEAN-HENRI-JULES THIERRY, et de CATHERINE-EMILIE RÜCKERT.

Enfants (nés à Luxembourg) :

1. JULES-GEORGES RAYMOND, * 20 mars 1888, † 14 mai 1888.

2. JULES-ACHILLE-CARLOS, **N° 253**, * 24 juill. 1889,

3. EMILE-NORBERT, **N° 254**, * 20 juill. 1890,

4. PAUL-RAYMOND, **N° 255**, * 29 août 1891,

5. MARTHE-RENÉE-YVONNE, * 11 nov. 1892,

6. FERNAND-PAUL, **N° 256**, * 23 oct. 1893,

7. ACHILLE-HENRY-GEORGES, **N° 257**, * 28 juill. 1898,

Notes. — GEORGES-ACHILLE STEINBACH, négociant, à Luxembourg, puis à Mulhouse.

N° 218

FÉLICIEN-JEAN-JOSEPH STEINBACH

fils de JEAN-JACQUES, N° 182

* 24 nov. 1821, à Colmar, † 10 janv. 1905, à Charmes (Vosges)

× 23 juin 1859, à Poltava (Russie)

AMÉLIE SCHULTZ, * 17 avril 1827, à Weilburg (Nassau), † 23 avril
1890, à Moscou,
    fille de Frédéric-Guillaume Schultz et de Frédérique
    Brohmann.

Enfants :

1. Emile-Gabriel, **N° 258**, * 5 avril 1860, à Bukaioff (Russie), † en mars
    1911, à Nancy,
    × 27 avril 1901, Jeanne Munsch, * 6 juin 1879,

2. Léon-Félix, **N° 259**, * 5 avril 1861,
    × 25 juill. 1884, Marie Peltzer, * 20 juill. 1851,

3. Eugène-Jacques, **N° 260**, * 13 nov. 1862, † 15 déc. 1910,
    × 10 nov. 1885, Barbe Pickersgill, * 8 sept. 1867,

Notes. — Félicien-Jean-Joseph Steinbach, chimiste, se rendit à Moscou en 1845,
vint à Mulhouse en 1860, retourna à Moscou en 1862 et y resta jusqu'en 1894, après quoi il
se retira à Charmes, où il est décédé.

FÉLICIEN-J.-J. STEINBACH -- AMÉLIE SCHULTZ
(N° 218)

J.-J.-ÉDOUARD STEINBACH
(N° 219)

AIMÉE-J. MULLER

N° 219

JEAN-JACQUES-ÉDOUARD STEINBACH

fils de JEAN-JACQUES, **N° 182**

* en 1830, à Jallieu (Isère), † 25 nov. 1906, à Epinal (Vosges)

✕ 28 mai 1863, à Epinal

AIMÉE-JULIE MULLER, * en 1845, à Epinal, † 22 juin 1889, à
 Fribourg (Bade),
 fille du capitaine LOUIS MULLER et de JULIE CARTIER.

Enfants :

1. ROBERT, **N° 261**, * 5 mars 1864,
 ✕ 19 oct. 1895, LOUISE REISS, * 20 mai 1875,

2. LÉON-EDOUARD, **N° 262**, * 27 avril 1865,
 ✕ 15 nov. 1895, JEANNE CHAUVIN, * 15 avril 1873,

3. FRÉDÉRIC-ALBERT, **N° 263**, * 8 févr. 1867,
 ✕ 2 juin 1896, LOUISE-MARIE KAUDEL, * 12 juill. 1876,

Notes. — JEAN-JACQUES-EDOUARD STEINBACH, dessinateur, à Epinal.

JEAN-GEORGES dit IWAN STEINBACH, fils de JEAN, N° 183

* 29 sept. 1841, à Moscou, † 14 sept. 1898, à Mulhouse

✕ 17 déc. 1878, au Val d'Ajol (près de Belfort)

I. JOSÉPHINE-VICTORINE HÉRISÉ, * 25 août 1854, au Val d'Ajol,
† 17 déc. 1879, à Mulhouse,
fille de LOUIS-ALEXIS HÉRISÉ, manufacturier, et de FRANCE-
LINE PERRIN ;

✕ 28 août 1884, à Mulhouse

II. MARIE-ANNE ECK, * 22 juin 1850, à Cernay,
fille de JEAN-DANIEL ECK, manufacturier, et de JULIE
KOECHLIN.

I. Enfant :

1. JEANNE-LOUISE, * 4 déc. 1879,
✕ 6 févr. 1901, à Nancy, CHARLES CHEVALIER, * 25 sept. 1867, à
Colmar, officier en retraite à Epinal, fils d'EDOUARD CHEVALIER
et de LÉONIE ENGEL.

II. Enfants :

2. ALFRED-GEORGES-MARCEL, * 29 juin 1885, † 4 juill. 1909, à Nancy ;
étudiant en chimie.

3. ALICE-MARGUERITE, * 23 sept. 1887,
✕ 14 juin 1909, à Nancy, ÉMILE-CHARLES-MAXIME WAPLER, * 10 sept.
1880, à Versailles, de CHARLES-PHILIPPE dit CARLOS WAPLER et
de MARTHE-CLARISSE JOLY.

4. LUCIE-YVONNE, * 31 mars 1891,

Notes. — IWAN STEINBACH, manufacturier à Mulhouse, où tous ses enfants sont nés. Sa
veuve et ses enfants résident actuellement à Nancy.

IWAN STEINBACH
(N⁰ 220)

I. J.-VICTORINE HÉRISÉ

II. MARIE-ANNE ECK

JULES STEINBACH
(No 221)

SOPHIE ALEXÉEFF

CHARLES-A. STEINBACH
(No 183, § 4)

N° 221

JULES STEINBACH, fils de JEAN, N° 183

* 18 janv. 1844, à Moscou, † 25 mai 1900, à Versailles

× 7 janv. 1879, à Moscou

SOPHIE ALEXÉEFF, * $\frac{8}{20}$ août 1859, à Moscou,
fille d'Iwan Alexéeff et d'Olga Tchetverikoff.

Enfants :

1. Georges, **N° 264**, * 2 mars 1880,
    × 6 oct. 1905, Andrée-Geneviève Meyer, * 24 mai 1887,

2. Iwan, **N° 265**, * 13 févr. 1882, à Moscou, négociant à Versailles,

Notes. — Jules Steinbach, négociant, à Moscou.

N° 222

AUGUSTE STEINBACH, fils de PAUL, N° 185

* 2 avril 1848, à Illzach, † en 1894, à Bischofsheim (Wurtemberg)

✕ ...., à ....

N..... N....., * ...., en Wurtemberg, † ....,
fille de N..... N.....

Enfant :

I.

Notes. — AUGUSTE STEINBACH, fixé à Bischofsheim (Wurtemberg), y est décédé, ainsi que sa femme, en laissant un enfant. Nous n'avons pu obtenir des détails plus précis.

———

JULES STEINBACH, fils de PAUL, N° 185

* 6 sept. 1850, à Illzach, † 22 nov. 1887, à Kaiserslautern

✕ 22 juill. 1876, à Kaiserslautern

I. CAROLINE GOETTEL, * 8 janv. 1852, à Mehlbach, † 11 janv. 1882, à Kaiserslautern ;

✕ 25 mars 1882, à Kaiserslautern

II. CATHERINE SCHWINK, * 29 avril 1849, à Kaiserslautern, veuve de Léonard Kirschbaum.

I. Enfants :

1. Paul, * 7 mars 1877, † 10 janv. 1898. Tourneur en fer, célibataire.

2. Auguste, * 16 juill. 1879, † 5 sept. 1882.

II. Enfant :

3. Madeleine, * 29 janv. 1883, † 8 mai 1883.

Notes. — Jules Steinbach, brasseur, se fixa à Kaiserslautern (Palatinat) en 1876, par son mariage. Ses trois enfants sont nés et décédés dans cette ville.

N° 224

EUGÈNE STEINBACH, fils de NICOLAS, N° 186

* 16 juill. 1852, à Illzach, † 6 juin 1902, à Mulhouse

✕ 25 juill. 1889, à Illzach

CÉCILE STEINBACH, * 22 nov. 1855,
    fille de HENRY-ÉMILE STEINBACH (N° 205) et de CATHERINE
    WEHRLIN.

Enfants :

1. JULES, N° 266, * 29 mars 1882,
2. EUGÈNE, * 4 sept. 1889, † jeune.
3. ROSALIE, * 4 févr. 1891, † 14 sept. 1891.

Notes. — EUGÈNE STEINBACH, teinturier, à Illzach.

N° 225

AUGUSTE STEINBACH, fils de NICOLAS, N° 186

* 2 août 1857, à Illzach, † 18 mai 1909, à Mulhouse

✕ 30 sept. 1882, à Mulhouse

ANTOINETTE BOETSCH, * 19 janv. 1859, à Ruelisheim (Alsace),
    † avant 1909,
    fille de BARTHÉLÉMY BOETSCH et d'AGATHE VOGT.

Enfants :

1. JULES-AUGUSTE, * 11 juin 1883, † vers 1802, au dehors.
2. EMILE-ARTHUR, * 5 juin 1885, † 15 sept. 1885.

Notes. — AUGUSTE STEINBACH, graveur sur rouleaux, à Illzach.

N° 226

PIERRE STEINBACH, fils de PIERRE, **N° 188**

* 24 fructidor an XI, à Illzach, † 8 mai 1859, à Mulhouse

✕ 18 août 1831, à Mulhouse

SOPHIE DEMOUGEOT, * 14 janv. 1807, à Mulhouse, † 30 nov. 1883,
à Mulhouse,
fille de JACQUES DEMOUGEOT et de CHARLOTTE RACINE.

Enfants :

1. EMILE, **N° 267**, * 13 août 1832, † 26 janv. 1863,
   ✕ 30 avril 1859, LOUISE HUDER, * 14 sept. 1833,

2. SOPHIE, * 9 avril 1834, † 13 mai 1898,
   ✕ ...., à Cernay, FRÉDÉRIC-EMILE GROSRENAUD, graveur sur
   rouleaux, * 8 avril 1833, à Cernay, † 15 avril 1865, à Mulhouse, fils de FRÉDÉRIC GROSRENAUD et de FRÉDÉRIQUE SCHLUM-
   BERGER.

3. JACQUES, * 29 août 1836, † 8 janv. 1871, à Laghouat (Algérie),
   chasseur au 2ᵉ bataillon léger d'Afrique, 5ᵉ compagnie.

4. EUGÈNE, **N° 268**, * 2 mars 1842,
   ✕ 31 déc. 1868, I. EMMA DIETRICH, * 23 nov. 1844, † 22 nov.
   1870 ;
   ✕ 11 août 1877, II. MÉLANIE HÉMY, * 11 oct. 1851,

5. EUGÉNIE, * 27 mai 1844,

6. CHARLES, * 31 janv. 1846, † 6 sept. 1847.

Notes. — PIERRE STEINBACH, imprimeur, se fixa à Mulhouse par son mariage.

ULRIC STEINBACH, fils de PIERRE, N° 188

* 25 juin 1806, à Illzach, † 6 août 1879, à Courbevoie (Seine)

✕ avant 1835

I. LOUISE-SCHOLASTIQUE LEMARIÉ, * en 1812, à Biésart (Seine-
Inférieure), † 31 mai 1849, à Courbevoie,
fille de N..... N.....;

✕ 2 janv. 1860, à Mulhouse

II. CAROLINE GRABENSTAETTER, * 7 janv. 1823, à Barr, † après
1879,
fille de Daniel Grabenstaetter et de Suzanne-Catherine
Kurz; veuve de Jean-Georges Geiler.

Enfant :

1. Ulric-Emile, N° 269, * 11 août 1835,
✕ 26 oct. 1872, Edmée-Honorine Clette, * 19 nov. 1829,

II. Sans Enfants connus.

Notes. — Ulric Steinbach, imprimeur d'indiennes, résida à Courbevoie.

N° 228

THIÉBAUT STEINBACH, fils d'ADAM, N° 189

* 11 juill. 1808, à Illzach, † 29 mai 1846, à Illzach

✕ 2 août 1841, à Illzach

GERTRUDE VOISINET, * 13 juill. 1811, à Gildwiller, † 17 juin 1886,
    à Mulhouse,
    fille de JEAN VOISINET et d'ELISABETH HENNER.

Enfants :

1. JOSUÉ, **N° 270**, * 12 oct. 1841,
    ✕ 13 mai 1875, JULIENNE MULLER, * 28 nov. 1846, † avant 1910.

2. ADAM, * 25 janv. 1843, † 15 juill. 1869 ; célibataire.

3. SAMUEL, * 3 juin 1845, † 29 janv. 1866 ; célibataire.

Notes. — THIÉBAUT STEINBACH, imprimeur sur toile, à Illzach.

N° 229

PIERRE STEINBACH, fils d'ADAM, N° 189

* 19 déc. 1811, à Illzach, † . . . .

✕ 21 janv. 1833, à Illzach

CATHERINE GOETZ, * 16 sept. 1808, † . . . .
fille de JEAN GOETZ et de CATHERINE STERN.

Enfants :

1. PIERRE, * 19 déc. 1833, † 3 mars 1834.

2. ALBERTINE, * 13 août 1835,

3. ALBERT, N° 271, * 11 déc. 1837,

4. EMILIE, * 17 janv. 1840,

5. PIERRE-EMILE, * 27 nov. 1841, † 2 août 1842.

Notes. — PIERRE STEINBACH, puis graveur sur bois, à Illzach. A dû mourir au dehors, car ni lui, ni sa femme et ses enfants ne sont plus mentionnés dans les registres d'Illzach ou de Mulhouse. Nous ouvrons un tableau au fils, pour servir le cas échéant.

N° 230

OSCAR STEINBACH, fils de CHARLES, **N° 191**

* 17 avril 1866, à Mulhouse,

———

N° 231

PAUL STEINBACH, fils de PAUL, **N° 193**

* 27 sept. 1863, à Mulhouse,

N° 232

ALBERT STEINBACH, fils de PAUL, **N° 193**

* 12 nov. 1864, à Mulhouse,

N° 233

ÉMILE STEINBACH, fils de THIÉBAUT, **N° 194**

* 7 oct. 1869, à Lœrrach,

N° 234

FRÉDÉRIC STEINBACH, fils de BENOIT, N° 195

* 1er mai 1847, à Illzach, † 16 sept. 1904, à Mannheim

✕ 25 déc. 1869, à Mannheim

ELISABETHA-CATHARINA STEINBACH, * 18 oct. 1849, à Mannheim,
† 13 déc. 1910, à Mannheim,
fille de JOHANNES STEINBACH, marchand d'habits, et de
N..... N.....

Sans Enfants.

Notes. — FRÉDÉRIC STEINBACH, graveur, s'établit à Mannheim. Sa femme est issue d'une lignée de Steinbach du Wurtemberg, qui n'a rien de commun avec la sienne.

N° 235

IVAN STEINBACH, fils de BENOIT, N° 195

* 22 juin 1848, à Illzach,

✕ 10 mai 1883, à Bâle

I. MARIE-THÉRÈSE LOESLÉ, * 22 mai 1855, à Liel (Bade),
† 26 mai 1887, à Bâle,
fille de CYPRIEN LOESLÉ et de THÉRÈSE MAYER;

✕ 8 avril 1890, à Mulhouse

II. AMÉLIE-HENRIETTE-LOUISE-MARGUERITE AMELUNG, * 11 févr.
1859, à Marburg (Hesse),
fille de CHARLES-GUILLAUME AMELUNG et d'ANNE-SABINE
JUNG.

I. Enfants :

1. LOUISE-MARIE, * 15 mars 1884, à Bâle,
✕ 29 mai 1909, à Mulhouse, GUILLAUME WIEDMANN, serrurier,
* 5 nov. 1882, fils de MATHIAS WIEDMANN, brasseur, et
d'ELISABETH RIEDWEG.

2. IVAN, * 13 mai 1887, à Bâle, † 25 mai 1887, à Bâle.

II. Enfants :

3. ANNE-HÉLÈNE-AMÉLIE, * 25 janv. 1891, à Mulhouse,

4. HÉLÈNE-SABINE-ROSE-CATHERINE, * 21 sept. 1895, à Blieskastel (Palatinat),

5. AMÉLIE-HENRIETTE-CHRISTIANE, * 17 déc. 1900, à Bubenhausen (Palatinat).

Notes. — IVAN STEINBACH, cordonnier, à Bâle, réside actuellement à Zweibrücken
(Palatinat).

N° 236

ENGELHARDT STEINBACH, fils de BENOIT, N° 195

* 26 juill. 1849, à Illzach,

× 14 sept. 1880, à Bâle

BERTHE HOELLICKER, * ....
    fille de N..... HOELLICKER et de N..... N.....

Sans Enfants connus.

Notes. — ENGELHARDT STEINBACH, boulanger de sa profession, partit pour l'Amérique après son mariage et sa famille est sans nouvelles de lui, depuis plus de dix ans.

N° 237

JEAN-FRANÇOIS-ERNEST STEINBACH, fils d'EUGÈNE, N° 196

* 1er févr. 1860, à Barcelone, † 1er juin 1912, à Mulhouse

× 8 déc. 1883, à Mulhouse

ANNE BLATTNER, * 14 juill. 1859,
    fille de RODOLPHE BLATTNER et de SUZANNE VAUTHIER.

Enfant :

1. ERNEST-RODOLPHE, N° 272, * 23 sept. 1884, à Mulhouse,
    × 25 juin 1910, JOSÉPHINE CHEVROLET, * 8 mars 1886,

Notes. — JEAN-FRANÇOIS-ERNEST STEINBACH était fondé de pouvoirs de la maison L. Böing, à Dornach, et résidait à Mulhouse.

N° 238

FRÉDÉRIC STEINBACH, fils d'EUGÈNE, N° 196

* 27 juill. 1880, à Durango (Mexique),

✕ 21 août 1909, à Mulhouse

SUZANNE BRUSTLEIN, * 28 févr. 1886, à Mulhouse,
fille de JULES BRUSTLEIN et de SOPHIE-ELISE GROSJEAN.

Enfant :

1. MADELEINE-BERTHE-SOPHIE, * 26 janv. 1911,

Notes. — FRÉDÉRIC STEINBACH, employé de commerce à Mulhouse, maison Kullmann & Cie.

N° 239

JACQUES-ALBERT STEINBACH, fils de FRÉDÉRIC, N° 197

* 19 juill. 1863, à Mulhouse,

N° 240

PIERRE STEINBACH, fils de PIERRE, N° 198

* 19 nov. 1853, à Mulhouse,

× 12 juill. 1880, à Bâle (Suisse)

CAROLINE UMBDENSTOCK, * 11 nov. 1856, à Mulhouse,
fille de JEAN UMBDENSTOCK et de SOPHIE-CAROLINE WITZ.

Enfants :

1. FERNAND-LUCIEN-ALBERT, N° 273, * 18 sept. 1881,
× 2 févr. 1907, BERTHE dite BLANCHE SEGOND, * 14 avril 1879,

2. ALICE-GABRIELLE, * 27 déc. 1883, célibataire,

3. EMILE-CHARLES, * 6 juin 1886, † 17 févr. 1887, à Ivry-sur-Seine.

Notes. — PIERRE STEINBACH, employé de commerce, à Paris. Tous ses enfants sont nés à Ivry-sur-Seine.

N° 241

ROBERT STEINBACH, fils d'EUGÈNE, N° 203

* 31 mai 1872, à Illzach,

✕ 7 août 1897, à Illzach

EUGÉNIE MERGY, * 18 mai 1872,
fille de DANIEL MERGY et de CATHERINE BOPP.

Enfants :

1. JULIETTE-EUGÉNIE, * 13 avril 1898, à Illzach,

2. EUGÈNE-ROBERT, N° 274, * 3 mars 1899, à Illzach,

3. BERTHE-ANNE, * 22 déc. 1900, à Déville-les-Rouen,

4. ANDRÉE-MARGUERITE, * 10 déc. 1910, à Déville-les-Rouen,

Notes. — ROBERT STEINBACH, dessinateur, à Illzach, réside à Déville-les-Rouen depuis le 1er mars 1899.

N° 242

ALFRED STEINBACH, fils de HENRY-ÉMILE, **N° 205**

* 8 juin 1860, à Illzach,

× 28 mai 1885, à Illzach

EMMA VOETSCH, * 13 mars 1859,
fille de JEAN VOETSCH, imprimeur, et de BARBE DÉGERT.

Enfants :

1. MARIE-ANNE, * 2 mars 1886, à Illzach,

2. HENRI-EMILE, **N° 275**, * 9 mars 1888, à Illzach,

3. ALFRED, **N° 276**, * 2 janv. 1892, à Lodz,

4. EMMA, * 18 juin 1897, à Lodz,

Notes. — ALFRED STEINBACH, graveur sur rouleaux à Illzach, réside à Lodz (Russie) depuis le 6 juin 1888.

N° 243

OTHON STEINBACH, fils d'ABEL, N° 206

* 18 juin 1850, à Illzach, ✝ 16 févr. 1881, à Illzach

✕ 23 déc. 1876, à Lyon

MARIE-SOPHIE BRUN, * 23 mai 1850, à Lyon,
fille d'IGNACE BRUN et d'ADÉLAÏDE TARAVELHER.

Sans Enfants.

Notes. — OTHON STEINBACH, était négociant, à Lyon.

N° 244

EUGÈNE STEINBACH, fils d'ABEL, N° 206

* 6 nov. 1861, à Illzach,

✕ 25 mars 1892, à Illzach

EMMA TSCHAENLIN, * 30 nov. 1869, à Kandern (Bade),
fille de JEAN-JACQUES TSCHAENLIN et de ROSINE BAIER.

Sans Enfants.

Notes. — EUGÈNE STEINBACH, graveur sur rouleaux, à Illzach.

N° 245

GUSTAVE-ADOLPHE STEINBACH, fils d'ABEL, N° 206

* 25 nov. 1869, à Illzach,

✕ 24 oct. 1891, à Kingersheim

THÉRÈSE-MARIE BAUMANN, * 10 févr. 1869, à Baldersheim,
fille de ROMAN BAUMANN et de THÉRÈSE DANNER.

Enfants :

1. OTHON-FERNAND, N° 277, * 8 janv. 1892, à Kingersheim,

2. PAUL-ERNEST, N° 278, * 28 juin 1893, à Illzach,

3. ALICE-MARIE-THÉRÈSE, * 16 oct. 1896, à Illzach,

4. CHARLES-MARX, N° 279, * 29 avril 1900, à Arbon,

5. GUSTAVE-ADOLPHE, N° 280, * 12 avril 1902, à Arbon,

6. MÉTA-ROSA-IRMA, * 8 nov. 1906, à Arbon,

Notes. — GUSTAVE-ADOLPHE STEINBACH, tourneur en fer, originaire d'Illzach, est établi à Arbon (Suisse).

Nº 246

LOUIS-CAMILLE STEINBACH, fils de CAMILLE, Nº 208

* 11 déc. 1864, à Mulhouse,

✕ 24 janv. 1894, à Bardouville (Seine-Inférieure)

RACHEL MARTEL, * 5 juill. 1872, à Mesnil-sous-Jumièges (Seine-Inférieure), † 24 déc. 1908, à Rouen,
fille de PIERRE-GÉRASIME MARTEL et de LOUISE-ELÉONORE LECLERCQ.

Enfant :

1. JEAN-CAMILLE, **Nº 281**, * 10 mai 1907, à Déville-les-Rouen,

Notes. — LOUIS-CAMILLE STEINBACH, comptable, à Rouen.

— 224 —

N° 247

GEORGES-THÉOPHILE STEINBACH

fils de GEORGES-THÉOPHILE, **N° 209**

* 31 mai 1869, à Illzach,

$\times$ 12 nov. 1896, à Mulhouse

ALICE HEITZ, * 16 juill. 1872,
fille de JEAN-ULRIC HEITZ et de MARIE-ROSE DEYBER.

Enfants :

1. GEORGES-EUGÈNE, * 21 avril 1897, † 28 mai 1897.

2. ALICE, * 15 déc. 1899,

3. MARTHE, * 26 mai 1901,

4. MARGUERITE, * 17 avril 1904,

5. JEAN-JACQUES, **N° 282**, * 5 mai 1909,

Notes. — GEORGES-THÉOPHILE STEINBACH, marchand de vins, à Illzach, adjoint au maire de 1896—1902.

N° 248

ALPHONSE STEINBACH, fils de GEORGES-THÉOPHILE, N° 209

* 22 sept. 1871, à Illzach,

✕ 1er avril 1895, à Mulhouse

PAULINE EBNER, * 23 sept. 1862, à Inernberg, près Urberg (Bade),
fille de JEAN-BAPTISTE EBNER et de MARIE-AGATHE KAISER.

Enfants :

1. ALPHONSE, **N° 283**, * 12 févr. 1891,

2. CHARLES, **N° 284**, * 26 avril 1892,

3. GUSTAVE, **N° 285**, * 5 mai 1895,

4. BERTHA, * 20 avril 1896,

5. RENÉ, * 13 sept. 1898, † 17 août 1899.

6. EUGÈNE, * 3 avril 1901, † 13 juill. 1901.

7. EUGÈNE, * 22 déc. 1903, à Illzach, † 17 nov. 1904, à Mulhouse.

8. ALICE, * 12 juill. 1907,

Notes. — ALPHONSE STEINBACH, boucher, à Mulhouse, où tous ses enfants, sauf une exception, sont nés.

———

N° 249

ALFRED STEINBACH, fils de <u>GEORGES-THÉOPHILE</u>, **N° 209**
* 14 déc. 1877, à Illzach,

✕ 6 juill. 1907, à Illzach

ANNE-BARBE WEBER, * 23 juin 1877, à Illzach,
fille de HIPPOLYTE WEBER et de FRÉDÉRIQUE MÜLLER.

Enfant :

1. ELISABETH, * 24 avril 1908, à Mulhouse,

Notes. — ALFRED STEINBACH, employé de commerce, à Mulhouse.

— 227 —

N° 250

JEAN-GUSTAVE-ALPHONSE STEINBACH

fils de PIERRE-ALPHONSE, **N° 211**

* 26 févr. 1877, à Smichow, près Prague (Bohême),

✕ 12 avril 1902, à Mulhouse

HENRIETTE-MARGUERITE BERTRAND, * 16 oct. 1880, à la Strueth,
près Mulhouse,
fille de Louis-Eugène Bertrand, manufacturier, et de
Berthe Brustlein.

Enfants :

1. Jean-Pierre, **N° 286**, * 2 janv. 1903,

2. Paul-Albert, **N° 287**, * 25 janv. 1904,

3. Georges-Alphonse, **N° 288**, * 27 février 1906,

Notes. — Jean-Gustave-Alphonse Steinbach, d'abord manufacturier à Rheinfelden (Suisse), où tous ses enfants sont nés, actuellement un des chefs de la maison Bertrand & Cie, à la Strueth, près de Mulhouse.

———

JEAN-G.-A. STEINBACH

(N° 250)

H.-MARGUERITE BERTRAND

FERDINAND STEINBACH, fils de FERDINAND, **N° 215**

* . . . ., à Nancy,

N° 252

ROBERT-ÉMILE STEINBACH, fils de JEAN-ROBERT, **N° 216**

* 26 déc. 1878, à Paris,

✕ 11 avril 1905, à Paris

CLÉMENCE VAUCOILLIE, * 1er janv. 1882, à Halluin (Nord),
fille d'EDOUARD VAUCOILLIE, de Geest (Belgique), et de
MARIE-THÉRÈSE STRUBBE, de Wyngène (Belgique).

Sans Enfants.

Notes. — ROBERT STEINBACH, négociant, à Paris.

N° 253

JULES-ACHILLE-CARLOS STEINBACH
fils de GEORGES-ACHILLE, **N° 217**

* 24 juill. 1889, à Luxembourg,

Notes. — Auteur du présent travail généalogique.

N° 254

ÉMILE-NORBERT STEINBACH
fils de GEORGES-ACHILLE, **N° 217**

* 20 juill. 1890, à Luxembourg,

N° 255

PAUL-RAYMOND STEINBACH

fils de GEORGES-ACHILLE, **N° 217**

* 29 août 1891, à Luxembourg,

N° 256

FERNAND-PAUL STEINBACH

fils de GEORGES-ACHILLE, **N° 217**

* 23 oct. 1893, à Luxembourg,

N° 257

ACHILLE-HENRY-GEORGES STEINBACH

fils de GEORGES-ACHILLE, **N° 217**

* 29 juill. 1898, à Luxembourg,

N° 258

ÉMILE-GABRIEL STEINBACH

fils de FÉLICIEN-JEAN-JOSEPH, **N° 218**

* 5 avril 1860, à Bukaioff (Russie), † en mars 1911, à Nancy

⨯ 27 avril 1901, à Thaon (Vosges)

JEANNE MUNSCH, * 6 juin 1879, à Thaon (Vosges),
fille de LOUIS MUNSCH et de CATHERINE KLEIN.

Enfants :

1. HENRI, **N° 289**, * 11 oct. 1902, à Charmes,

2. GEORGES, **N° 290**, * 16 févr. 1905, à Charmes,

Notes. — EMILE-GABRIEL STEINBACH, propriétaire, à Charmes (Vosges).

LÉON-F. STEINBACH — MARIE PELTZER
(N° 259)

Léon-Nicolas-Voldemar Steinbach
(N° 291) leur fils.

N° 259

LÉON-FÉLIX STEINBACH

fils de FÉLICIEN-JEAN-JOSEPH, **N° 218**

* 5 avril 1861, à Hadamar (Nassau),

╳ 25 juill. 1884, à Moscou

MARIE PELTZER, * 20 juill. 1851,
      fille de Sigismond Peltzer et de Marie Merveille.

Enfant adoptif :

1. Léon-Nicolas-Voldemar, **N° 291**, * 30 oct 1908, à Moscou,

Notes. — Léon-Félix Steinbach, à Moscou, vint dans cette ville à l'âge d'un an. En 1875, il fut mis au collège d'Epinal pour y achever ses études, puis retourna en 1878, en Russie, où il réside actuellement encore. Comptable de la Direction de la Société Lubimoff, Solvay & Cⁱᵉ, à Moscou, et chevalier de l'ordre de Saint-Stanislas.

— 233 —

N° 260

EUGÈNE-JACQUES STEINBACH

fils de FÉLICIEN-JEAN-JOSEPH, **N° 218**

* 13 nov. 1862, à Moscou, † 15 déc. 1910, à Moscou

✕ 10 nov. 1885, à Moscou

BARBE PICKERSGILL, * 8 sept. 1867, à Moscou,
fille de HENRI PICKERSGILL et de CATHERINE HEITMANN.

Enfants :

1. MARIE, * 8 févr. 1888, † été 1905.

2. EUGÉNIE, * 10 nov. 1889,

3. ALEXANDRE, * 26 juill. 1893, † 30 janv. 1904.

4. VICTOR, **N° 292**, * 28 juill. 1895,

Notes. — EUGÈNE-JACQUES STEINBACH, employé de bureau, à Moscou, où tous ses enfants sont nés. Il a eu encore d'autres enfants, morts jeunes, dont nous n'avons pu nous procurer les noms.

EUGÈNE-J. STEINBACH — BARBE PICKERSGILL
(No 260)

ÉMILE-G. STEINBACH
(No 258)

N° 261

ROBERT STEINBACH, fils de JEAN-JACQUES-ÉDOUARD, **N°** **219**

    ✳ 5 mars 1864, à Epinal,

✕ 19 oct. 1895, à Strasbourg

LOUISE REISS, ✳ 20 mai 1875,
    fille de MICHEL REISS et de CATHERINE HAFFNER.

Enfant :

1. AIMÉE, ✳ 13 mai 1898,

Notes. — ROBERT STEINBACH, rentier, à Tours.

N° 262

LÉON-ÉDOUARD STEINBACH

fils de JEAN-JACQUES-ÉDOUARD, **N°** **219**

    ✳ 27 avril 1865, à Paris,

✕ 15 nov. 1895, à Paris

JEANNE CHAUVIN, ✳ 15 avril 1873,
    fille de JEAN CHAUVIN et de JEANNE d'AURE.

Enfant :

1. ROBERT, **N°** **293**, ✳ 25 oct. 1896, à Paris,

Notes. — LÉON-EDOUARD STEINBACH, publiciste, à Paris.

N° 263

FRÉDÉRIC-ALBERT STEINBACH

fils de JEAN-JACQUES-ÉDOUARD, **N° 219**

* 8 févr. 1867, à Paris,

✕ 2 juin 1896, à Nancy

LOUISE-MARIE KAUDEL, * 12 juill. 1876, à Nancy,
fille de GEORGES KAUDEL, rentier, originaire de Soultz-sous-Forêts, et de LOUISE THOMASSIN.

Enfants :

1. JEAN, **N° 294**, * 21 juill. 1899, à Nancy,

2. HENRI, **N° 295**, * 22 oct. 1903, à Saint-Mihiel (Meuse),

Notes. — FRÉDÉRIC-ALBERT STEINBACH, engagé volontaire à 18 ans, le 3 mars 1885, au 26ᵉ régiment d'infanterie de ligne, à Nancy, sous-lieutenant au 69ᵉ de ligne, le 15 avril 1890, nommé capitaine au 161ᵉ de ligne, à Saint-Mihiel (Meuse), le 25 sept. 1902, quitte ce régiment en janv. 1907 pour aller au 135ᵉ régiment de ligne, à Angers (Maine-et-Loire). Chevalier de la Légion d'honneur, depuis le 14 juill. 1911.

GEORGES STEINBACH
(N° 264)

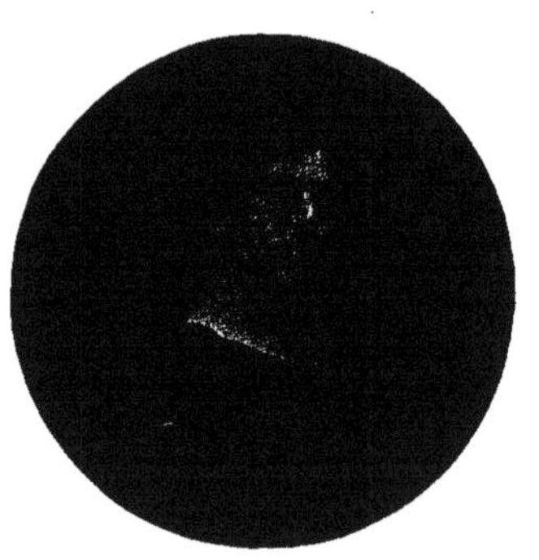

A.-GENEVIÈVE MEYER

N° 264

GEORGES STEINBACH, fils de JULES, N° 221

* ·2 mars 1880, à Moscou,

✕ 6 oct. 1905, à Mulhouse

ANDRÉE-GENEVIÈVE MEYER, * 24 mai 1887,
fille de JULES MEYER et de CLARISSE-JULIE ZUNDEL
(**N° 144**, § 7).

Enfant :

1. ANTOINETTE, * 20 août 1906, à Versailles,

Notes. — GEORGES STEINBACH, négociant, d'abord à Neuchâtel (Suisse), réside actuellement à Versailles.

N° 265

IWAN STEINBACH, fils de JULES, N° 221

* 13 févr. 1882, à Moscou,

Notes. — IWAN STEINBACH, négociant, à Versailles.

N° 266

JULES STEINBACH, fils d'EUGÈNE, N° 224

* 29 mars 1882, à Illzach,

IWAN STEINBACH

(No 265)

N° 267

ÉMILE STEINBACH, fils de PIERRE, N° 226

* 13 août 1832, à Mulhouse, † 26 janv. 1863, à Mulhouse

✕ 30 avril 1859, à Mulhouse

LOUISE HUDER, * 14 sept. 1833, à Mulhouse,
fille d'ANTOINE HUDER et d'ANNE-MARIE PERRIN.

Enfants :

1. LOUISE, * 15 sept. 1859,
    ✕ 30 août 1884, CAMILLE MERGY, graveur, * 21 juill. 1858, à Mul-
    house, d'EMILE MERGY et de JULIE BUCHER.

2. EUGÈNE, * 17 janv. 1862, † 16 mars 1862.

Notes. — EMILE STEINBACH, cordonnier, à Mulhouse.

N° 268

EUGÈNE STEINBACH, fils de PIERRE, N° 226

* 2 mars 1842, à Mulhouse,

✕ 31 déc. 1868, à Mulhouse

I. EMMA DIETRICH, * 23 nov. 1844, † 22 nov. 1870,
    fille d'Antoine Dietrich et d'Anne-Elisabeth Hermann;

✕ 11 août 1877, à Mulhouse

II. MÉLANIE HÉMY, * 11 oct. 1851,
    fille d'Aloïse Hémy et d'Eve-Marie Nuebler.

I. Enfant :

1. Anna, * 23 mai 1869,
    ✕ 20 oct. 1890, Victor Beck, * 13 avril 1866, à Büst (Basse-Alsace),
    fils de Charles-Jules Beck et de Caroline Helmstetter.

II. Enfant :

2. Eugénie, * 15 juin 1878, † 19 sept. 1878.

Notes. — Eugène Steinbach, tourneur en fer, à Mulhouse, puis à Paris, où il vivait encore en 1890, lors du mariage de sa fille.

— 240 —

N° 269

ULRIC-ÉMILE STEINBACH, fils d'ULRIC, N° 227

* 11 août 1835, à Cantelou (Seine-Inférieure), † . . . .

✕ 26 oct. 1872, à Courbevoie (Seine)

EDMÉE-HONORINE CLETTE, * 19 nov. 1829, à Rueil (Seine-et-Oise),
† . . . . ,
fille de JEAN-ALEXANDRE-HONORÉ CLETTE et de MARIE-JOSÉPHINE BATAILLE.

Sans Enfants connus.

Notes. — Après son mariage, à Courbevoie, ULRIC-EMILE STEINBACH a quitté cette ville, et nous ignorons ce qu'il est devenu et s'il a laissé de la descendance.

———

JOSUÉ STEINBACH, fils de THIÉBAUT, N° 228

* 12 oct. 1841, à Illzach,

╳ 13 mai 1875, à Illzach

JULIENNE MULLER, * 28 nov. 1846, à Urschenheim (Alsace),
† avant 1910,
fille de JEAN MULLER et de MARIE JEHL.

Enfants :

1. MARIE, * 20 mai 1875, à Illzach,
 ╳ 16 mars 1895, à Mulhouse, JOSEPH WANNER, * 19 févr. 1875, fils
 de JOSEPH WANNER et d'ANNE-MARIE WISS.

2. ANNE, * 24 oct. 1876, à Illzach, † 27 oct. 1876.

3. ROSALIE, * 4 août 1878, à Mulhouse, † 8 sept. 1881, à Mulhouse.

4. JULIE, * 1er déc. 1880, à Mulhouse, † 20 sept. 1910, à Mulhouse, célibataire.

5. ELISE, * 12 mai 1882, à Mulhouse, † 14 févr. 1885, à Mulhouse.

6. BARBE, * 1er oct. 1884, à Mulhouse, † 4 janv. 1886, à Mulhouse.

Notes. — JOSUÉ STEINBACH, résida d'abord à Illzach, puis se fixa à Mulhouse vers 1880.

N° 271

ALBERT STEINBACH, fils de PIERRE, N° 229

* 11 déc. 1837, à Illzach,

N° 272

ERNEST-RODOLPHE STEINBACH

fils de JEAN-FRANÇOIS-ERNEST, N° 237

* 23 sept. 1884, à Mulhouse,

✕ 25 juin 1910, à Mulhouse

JOSÉPHINE CHEVROLET, * 8 mars 1886,
  fille d'ALEXANDRE-GEORGES CHEVROLET et de JOSÉPHINE
  WETTEL.

Enfants :

Notes. — EUGÈNE STEINBACH, ingénieur, d'abord à Harthau (Saxe), actuellement directeur de la Filature de laine peignée à Krzeschitz, près de Leitmeritz (Bohême).

— 243 —

N° 273

FERNAND-LUCIEN-ALBERT STEINBACH

fils de PIERRE, **N° 240**

* 18 sept. 1881, à Ivry-sur-Seine,

✕ 2 févr. 1907, à Paris

BERTHE dite <u>BLANCHE</u> SEGOND, * 14 avril 1879, à Paris,
fille d'EMMANUEL SEGOND et d'HYACINTE LEMAIRE.

Sans Enfants.

Notes. — FERNAND-LUCIEN-ALBERT STEINBACH réside à Paris.

N° 274

EUGÈNE-ROBERT STEINBACH, fils de ROBERT, **N° 241**

* 3 mars 1899, à Illzach,

N° 275

HENRI-ÉMILE STEINBACH, fils d'ALFRED, **N° 242**

* 9 mars 1888, à Illzach,

N° 276

ALFRED STEINBACH, fils d'ALFRED, **N° 242**

* 2 janv. 1892, à Lodz (Russie),

N° 277

OTHON-FERNAND STEINBACH

fils de GUSTAVE-ADOLPHE, **N° 245**

* 8 janv. 1892, à Kingersheim,

N° 278

PAUL-ERNEST STEINBACH

fils de GUSTAVE-ADOLPHE, **N° 245**

* 28 juin 1893, à Illzach,

N° 279

CHARLES-MARX STEINBACH

fils de GUSTAVE-ADOLPHE, **N° 245**

* 29 avril 1900, à Arbon (Suisse),

N° 280

GUSTAVE-ADOLPHE STEINBACH

fils de GUSTAVE-ADOLPHE, **N° 245**

* 12 avril 1902, à Arbon (Suisse),

N° 281

JEAN-CAMILLE STEINBACH, fils de LOUIS-CAMILLE, N° 246

* 10 mai 1907, à Déville-les-Rouen,

N° 282

JEAN-JACQUES STEINBACH

fils de GEORGES-THÉOPHILE, N° 247

* 5 mai 1909, à Illzach,

N° 283

ALPHONSE STEINBACH, fils d'ALPHONSE, **N° 248**
* 12 févr. 1891, à Mulhouse,

———

N° 284

CHARLES STEINBACH, fils d'ALPHONSE, **N° 248**
* 26 avril 1892, à Mulhouse,

N° 285

GUSTAVE STEINBACH, fils d'ALPHONSE, N° 248

* 5 mai 1895, à Mulhouse,

N° 286

JEAN-PIERRE STEINBACH

fils de JEAN-GUSTAVE-ALPHONSE, N° 250

* 2 janv. 1903, à Rheinfelden (Suisse),

N° 287

PAUL-ALBERT STEINBACH

fils de JEAN-GUSTAVE-ALPHONSE, N° 250

* 25 janv. 1904, à Rheinfelden (Suisse),

N° 288

GEORGES-ALPHONSE STEINBACH

fils de JEAN-GUSTAVE-ALPHONSE, N° 250

* 27 février 1906, à Rheinfelden (Suisse),

HENRI STEINBACH, fils d'ÉMILE-GABRIEL, **N° 258**

* 11 oct. 1902, à Charmes (Vosges),

N° 290

GEORGES STEINBACH, fils d'ÉMILE-GABRIEL, **N° 258**

* 16 févr. 1905, à Charmes (Vosges),

N° 291

LÉON-NICOLAS-VOLDEMAR STEINBACH

fils de LÉON-FÉLIX, **N° 259**

* 30 oct. 1908, à Moscou,

N° 292

VICTOR STEINBACH, fils d'EUGÈNE-JACQUES, **N° 260**

* 28 juill. 1895, à Moscou,

N° 293

ROBERT STEINBACH, fils de LÉON-ÉDOUARD, **N° 262**
* 25 oct. 1896, à Paris,

———

N° 294

JEAN STEINBACH, fils de FRÉDÉRIC-ALBERT, **N° 263**
* 21 juill. 1899, à Nancy,

HENRI STEINBACH, fils de FRÉDÉRIC-ALBERT, N° 263

* 22 oct. 1903, à Saint-Mihiel (Meuse),

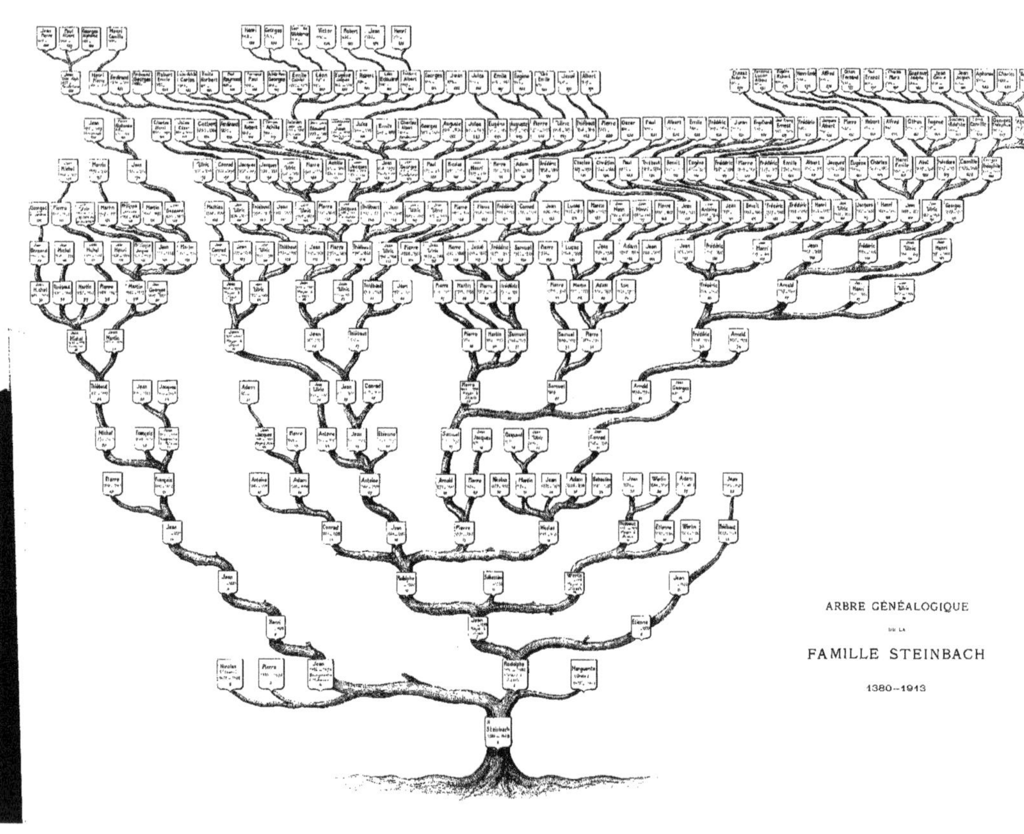

ARBRE GÉNÉALOGIQUE
DE LA
FAMILLE STEINBACH
1380—1913